Racionalidad económica
y estrategia

Racionalidad económica y estrategia

JULIO GÓMEZ-POMAR

Instituto de Estudios Económicos

c/ Castelló, 128 - 6.ª - 28006 Madrid
ISBN: 84-88533-34-9
Depósito Legal: M. 2.433-1998
Diseño de la cubierta: RAFO HERNÁNDEZ
Compuesto por ANORMI, S.L.
c/ Doña Mencía, 39 - 28011 Madrid
Impreso por **ARTEGRAF, S.A.**
c/ Sebastián Gómez, 5. 28026 Madrid

Printed in Spain - Impreso en España

Índice

INTRODUCCIÓN 9

ANALIZAR LOS PROBLEMAS ESTRATÉGICAMENTE 15

Algunos juegos de estrategia 16
La batalla naval 16
¿Los animales piensan? 17
¿Quien es el cobarde? 18
Abrir una nueva farmacia 20
¿A qué precio vendemos el aceite? Un ejemplo del dilema del prisionero 21
La generalización del dilema del prisionero: un análisis estratégico de algunos problemas sociales 27
Estrategia y Derecho 31
Conclusiones 36

DECIDIR RACIONALMENTE 39

¿Qué es decidir racionalmente? 39
Errores a la hora de enmarcar las decisiones 43
La tiranía del *statu quo* 50
Errores derivados de la intuición y la asociación de ideas 53
El problema de la representatividad 53
El problema de la evidencia disponible 55
El problema del anclaje 56
Resolver el problema equivocado 58
Decidir sobre la base de las preferencias o sobre la base de los principios 60
Conclusiones 62

MODELOS DE COMPORTAMIENTO ESTRATÉGICO 65

Análisis estratégico 67
Modelos cíclicos o con retardos en el tiempo 68
Modelos de masa crítica 72
Modelos de selección y mezcla 80
Conclusiones 85

COMPETIR ESTRATÉGICAMENTE 87

Tipos de subasta 88
Subastas de valor privado 89
Subasta inglesa 89
Subastas en sobre cerrado 90
Subasta holandesa 93
Colusión de compradores 94
Subastas de valor común 95
Conclusiones 98

VOTAR ESTRATÉGICAMENTE 101

Voto sincero y voto estratégico 101
La selección del mejor candidato I 102
La selección del mejor candidato II 103
¿Dónde vamos de vacaciones? 108
Conclusiones 113

REPARTIR ESTRATÉGICAMENTE 115

La liquidación de una sociedad 116
El procedimiento de la porción justa I 117
El procedimiento de Steinhaus 118
El procedimiento de la porción justa II 120
Conclusiones 122

Capítulo Primero

Introducción

Hoy día la palabra estrategia es casi una expresión obligada para hacer atractivo el título de cualquier obra que tenga que ver con el mundo de los negocios o de la gestión. Ningún trabajo que se precie en la literatura del *management* puede renunciar al recurso de "lo estratégico".

El concepto de lo que significa ser estratégico o comportarse estratégicamente es, sin embargo, muy diferente según quien lo utiliza. Con frecuencia la expresión estratégico ha venido ligada a la idea de largo plazo. La planificación estratégica, por ejemplo, en la literatura de los años 60 y 70, ha estado más unida a la ordenación de los recursos en el largo plazo y a la definición de los objetivos básicos de la empresa que a cualquier otro concepto. En otros casos, lo estratégico se relaciona con los elementos básicos e indispensables para llevar a cabo una acción ordenada.

El concepto de estrategia que está presente en todos los capítulos de esta obra es bien diferente. Poco tiene que ver con la elaboración de planes o con la selección de los puntos críticos y determinantes de una acción, o con los recursos indispensables para desarrollar una política determinada. La idea de estrategia que aquí se emplea se refiere a la forma en la que cada individuo afronta su propio comportamiento y adopta sus decisiones. Las personas desarrollan su actividad, toman decisiones, eligen cursos de acción que consideran mejores para su vida o para su empresa frente a otras alternativas, ejecutan decisiones que toman otros, o preparan la decisión que debe adoptar un superior, en un mundo extremadamente interdependiente, con intereses contrapuestos entre las partes, y con un conocimiento limitado de la realidad sobre la que actúan y de las consecuencias de sus acciones.

Esta falta de control del mundo en el que nos movemos es debida, en cierta medida, a que los demás sujetos que se ven afectados por nuestras acciones y decisiones anticipan y reaccionan a nuestro comportamiento. No se limitan a observar pasivamente el desarrollo de los acontecimientos. Hay una interacción continua entre nosotros y los demás, entre unas empresas y otras, entre unos departamentos y otros, entre unos países y otros....

El reconocimiento de esta realidad hace que el afrontar las decisiones sobre la base de que el resto de las cosas permanece inalterado es el mayor error en el que podemos incurrir. Los que se ven afectados por la forma en la que nos conducimos en el terreno personal o profesional, responden a nuestros estímulos y reaccionan de forma diferente según nos comportamos. Y nosotros, por nuestra parte, nos comportamos de manera distinta según como pensemos que los demás se van a comportar, y estos otros se comportan de manera distinta según como piensen que nosotros pensamos que ellos se van a comportar, y así sucesivamente.

Cuando hacemos explícita dentro de nuestro comportamiento esta sucesión de posibles interacciones entre unos y otros no estamos haciendo otra cosa que ser estratégicos.

Pues bien, todo este libro tiene que ver con el comportamiento estratégico tal y como se acaba de describir. El otro pilar básico en el que se asienta el hilo conductor de las páginas siguientes es la idea de racionalidad, de comportamiento racional. Comportarse racionalmente supone, en esencia, ajustar nuestra conducta a nuestras preferencias, elegir aquello que más nos satisface. Evidentemente, en un mundo tan complicado como el nuestro, nos surgen innumerables problemas. En muchas ocasiones, hay que decidir en un contexto de riesgo en el que los resultados de nuestras acciones pueden ocurrir con distintas probabilidades. En otras muchas, lo que afrontamos es la pura incertidumbre. A ello hay que añadir que nuestras preferencias deben ser valoradas de forma coherente para poder saber qué es lo que más nos interesa. Finalmente, las acciones de aquellos que influyen en las nuestras pueden ser el fruto de un proceso de elección racional o de la más rotunda irracionalidad. Pero éste y no otro es el mundo en el que los gestores, los directivos públicos y privados tienen que actuar.

Dadas estas premisas, nuestro propósito no es otro que ayudar al *manager* a gestionar mejor. La forma en la que se resume esta ayuda se expresaría diciendo: sea usted más estratégico en su comportamiento y decida más racionalmente. A partir de aquí, los distintos capítulos de esta obran tratan de llevar al lector a través de un conjunto seleccionado de temas que se consideran básicos para contribuir al objetivo de hacernos más estratégicos y más racionales.

El primer capítulo que sigue a esta introducción: "Analizar los problemas estratégicamente", nos introduce en el campo de la Teoría de juegos como disciplina que se ocupa del estudio formalizado de las decisiones racionales en un contexto de interdependencia. La Teoría de juegos enfrenta a dos o más individuos ante diversas alternativas entre las que tienen que elegir, con unas preferencias determinadas sobre los resultados y con una mayor o menor información sobre las alternativas y las preferencias de los demás. En este capítulo se presentan una serie de juegos clásicos, bien conocidos en la literatura, que ilustran situaciones muy próximas a la realidad y que permiten al lector familiarizarse con el pensamiento estratégico.

El capítulo III: "Decidir racionalmente" persigue una doble finalidad: En primer lugar, describe qué es comportarse racionalmente, cuáles son las dificultades y limitaciones del comportamiento racional; y, en segundo lugar, ofrece una descripción bastante exhaustiva de los principales errores que cometemos las personas a la hora de tomar nuestras decisiones. Conocer por qué decidimos equivocadamente, qué nos lleva a equivocarnos y tomar conciencia de los errores que pueden estar cometiendo los demás en el momento de decidir es un aspecto crucial del conocimiento para un gestor racional.

El capítulo IV describe una serie de modelos de análisis estratégico que pueden ser ampliamente utilizados para representar una innumerable gama de comportamientos de esta naturaleza. Se describen los modelos cíclicos o con retardos en el tiempo, los modelos de masa crítica y los modelos de selección y mezcla. Tales modelos se aplican, a modo de ejemplo, a situaciones diversas con el fin de familiarizar al gestor con su aplicación a problemas de naturaleza análoga. Aspectos como la regularización tributaria del año 1992, mediante el canje de Pagarés del Tesoro por Deuda Especial, o la implantación de un nuevo régimen de estimación objetiva de bases imponibles para pequeños y medianos contribuyentes, pueden ser analizados utilizando los modelos de masa crítica.

El capítulo V nos introduce en el mundo de las subastas. La subasta es y ha sido tradicionalmente un procedimiento intensamente utilizado para la venta de obras de arte, de inmuebles embargados por los juzgados o por los órganos de la Administración para resarcirse del pago de impuestos o de cuotas de la seguridad social; para adjudicar las obras públicas a los posibles contratistas, o para vender una caja de pescado en la lonja del puerto. Existen múltiples tipos de subastas: la inglesa, la holandesa, en sobre cerrado, etc. Cada una de ellas tiene sus propias reglas, y todas dejan margen para que exista un comportamiento estratégico. Cuestiones tales como ¿cuál es el procedimiento óptimo de subasta que debo seguir para la venta de determinados bienes o para la adjudicación de una obra? o, ¿dentro de un tipo de subasta concreto, cuál es la mejor estrategia que puedo seguir? son algunas de las cuestiones que se tratan en este apartado.

El capítulo VI: "Votar estratégicamente", vuelve a llamar nuestra atención sobre las posibilidades de actuación estratégica que ofrecen los diversos métodos de votación como fórmula para alcanzar una decisión. El procedimiento de toma de decisiones mediante votación se extiende desde las Comunidades de Propietarios a los Consejos de Administración, se utiliza para decidir quién será el nuevo miembro de una Academia, o el nuevo Rector, o el nuevo Presidente. Las diferencias que se producen en los resultados de las votaciones según que se adopte uno u otro procedimiento, así como la influencia del votante marginal si se comporta o no estratégicamente, son notables. Se trata, pues, de otra área que no debe quedar al margen de la consideración de nuestro *manager* estratégico.

Finalmente, el capítulo VII: "Repartir estratégicamente", cierra el conjunto de temas tratados. En este último capítulo se discuten distintos procedimientos alternativos para la adjudicación de bienes, tanto divisibles como indivisibles, entre diferentes sujetos. El reparto de una herencia, la disolución de la sociedad de gananciales o de la comunidad de bienes, son, entre otros, el tipo de situaciones a las que resultarían de aplicación las ideas que aquí se presentan.

Habría otras cuestiones que podrían haber encontrado también su justificación y su acomodo en una obra como ésta, pero creo, sinceramente, que aquí no falta ninguna de las importantes y que el lector descubrirá, desde el principio hasta el final, un mismo hilo conductor en ellos y en la forma en la que se tratan.

Confío en que estas páginas previas hayan servido, para quienes todavía se toman la molestia de leer la introducción a un texto, para dar una descripción de lo que en él se contiene, así como para ofrecer una reflexión general del propósito y utilidad del mismo.

Un último comentario sobre el lenguaje del texto y la forma de leerlo. Se ha querido cuidar con extremada atención el compromiso entre el rigor intelectual y la accesibilidad en el sentido de despojar la exposición de todo el lenguaje matemático propio de la literatura al tratar determinadas cuestiones. Éste sólo se ha respetado cuando se ha considerado estrictamente necesario para la descripción y la comprensión de la materia.

En cuanto a cómo debe leerse un texto de esta naturaleza, no hay que ser respetuoso con el orden dado a los capítulos. Conviene, en todo caso, leer primero el capítulo II, pero luego se puede saltar indiscriminadamente de un lado a otro.

Confío en haber interesado suficientemente al futuro lector con estas breves notas. Las páginas restantes dirán si mereció o no la pena haberse dejado interesar.

CAPÍTULO SEGUNDO

Analizar los problemas estratégicamente

La Teoría de juegos es una disciplina que se ocupa del estudio formalizado de las decisiones racionales en un contexto de interdependencia. Dos o más individuos tienen que elegir entre diversas alternativas, tienen sus preferencias respecto de los resultados y un conocimiento mayor o menor de las alternativas y las preferencias de los demás sujetos (Schelling 1984). La Teoría de juegos analiza, en suma, el comportamiento racional en situaciones de interdependencia (Mcmillan 1992). No se trata, hablando propiamente, de una teoría predictiva, no le preocupa explicar cómo se comporta la gente en los escenarios estratégicos que analiza, sino más bien es normativa, orientada a explicar cómo se comportarían sujetos racionales en tales escenarios. De aquí, precisamente, el interés que puede tener el estudio de determinados "juegos", para entrar en el modo de pensar de forma estratégica. Su utilidad para el gestor estratégico reside en que "la forma de pensar" es la idónea para analizar cualquier situación real, no en el hecho de que nos ofrezca soluciones a problemas reales. La Teoría de juegos, en cuanto que teoría normativa, no es ni verdadera ni falsa, no puede contrastarse empíricamente (Siebe 1995).

ALGUNOS JUEGOS DE ESTRATEGIA

La batalla naval

El Almirante Imamura ha recibido la orden de transportar tropas japonesas, a través del mar de Bismark, en el Pacífico Sur, hasta Nueva Guinea; y el Almirante Kenney quiere bombardear el transporte de las tropas. Imamura debe escoger entre una ruta corta por el norte o una ruta larga por el Sur. Kenney debe decidir, a su vez, si mandará los aviones a la ruta norte o a la ruta sur. Si Kenney manda sus aviones a la ruta equivocada puede rectificar, pero dispondrá de menos días para bombardear el transporte.

Las opciones y las recompensas que Imamura y Kenney pueden obtener se representan en la siguiente matriz (Haywood 1954).

		Imamura	
		Norte	Sur
Kenney	Norte	−2 2	−2 2
	Sur	−1 1	−3 3

Así, por ejemplo, si Imamura escoge la ruta más larga y Kenney manda sus bombarderos a esa zona, Kenney obtiene 3 e Imamura -3. ¿Tienen Imamura y Kenney algún curso de acción que sea mejor que las alternativas? Si Kenney manda los bombarderos por la ruta sur, la mejor respuesta de Imamura es el transporte por el norte. Si Kenney escoge la ruta norte, Imamura será indiferente entre una y otra. La ruta norte es para Imamura una estrategia débilmente dominante. Si en el análisis de la situación de Kenney, Imamura nunca utilizará la ruta sur, su mejor estrategia es dirigir los bombarderos a la ruta norte (es su estrategia dominante) (Rasmmusen 1989).

¿Los animales piensan?

En este juego [Baldwin & Meese (1979), tomado de Rasmmusen (1989)], dos cerdos están encerrados en una caja que dispone de un botón en un extremo y un dosificador de comida en el otro. Cuando se aprieta el botón, el dispensador se acciona y proporciona una ración de comida. El cerdo que acciona el mecanismo tiene que correr al otro extremo para obtener la ración. Los dos cerdos son de diferente tamaño, hay un cerdo grande (cerdo dominante) y un cerdo pequeño. Las utilidades asociadas a las distintas acciones son las siguientes: presionar el botón tiene un coste de 2 unidades. La ración de comida vale 10 unidades.

Si el cerdo grande llega primero a la comida, come 9 unidades y deja 1 para el cerdo pequeño. Si el cerdo pequeño llega antes, come 4 unidades. Si los dos llegan simultáneamente, el pequeño come 3 unidades y el grande 7.

El juego se puede representar con la siguiente matriz:

		Cerdo pequeño	
		Acciona	Espera
Cerdo grande	Acciona	1 5	4 4
	Espera	−1 9	0 0

Dada esta estructura del juego (y si los cerdos pensaran) ¿quién accionaría el botón?

La solución al juego es que el cerdo grande presiona y el cerdo pequeño espera que caiga la ración de comida al otro extremo. Veamos cuál es el razonamiento. Para el cerdo pequeño, el problema está claro: si el grande acciona, mejor espera; si el grande espera, mejor esperar también (0> -1). El cerdo grande preferiría que el pequeño accionara mientras él espera, pero si se pone en su lugar pronto adivinará que éste esperará en todo caso, luego lo mejor que puede hacer es accionar el botón[1].

La solución del juego puede parecer contraria a la intuición: es el cerdo grande el que tiene que procurar comida a los dos y el pequeño se beneficia de ello.

Curiosamente también, en los experimentos realizados con cerdos, éstos se comportaron de la manera racional que prescribe la teoría de juegos, aunque más por un proceso de prueba y error que finalmente conduce a un resultado semejante al prescrito. [Baldwin y Meese (1979) Mcmillan (1992)].

¿Quién es el cobarde?

En este juego, dos conductores, situados cada uno a un extremo del camino, conducen sus coches en dirección contraria hasta que, finalmente uno de los dos se aparta, los dos se apartan, o chocan frontalmente ocasionándose la muerte. El juego lo gana quien es capaz de mantenerse fir-

[1] La solución: el grande acciona, el pequeño espera, se conoce en la literatura como una solución de equilibrio de Nash. Esta combinación de estrategias es un equilibrio de Nash porque ninguno de los dos cerdos puede obtener un mejor resultado modificando su estrategia, siempre que el otro no modifique la suya. No tienen ningún incentivo para hacerlo.

me mientras el otro, ante un eventual choque frontal, se aparta del camino. La siguiente matriz da un valor numérico a los distintos resultados:

		Conductor A	
		Continuar	Apartarse
Conductor B	Continuar	–3 –3	0 2
	Apartarse	2 0	1 1

Como puede observarse, el juego tiene dos equilibrios. Si el conductor *A* se aparta, el conductor *B* continúa, y si *A* continúa, *B* se aparta. ¿Cuál es la mejor estrategia en este caso? La mejor estrategia de que dispone cada uno es una estrategia mixta que suponga el continuar o apartarse con una determinada probabilidad tal que haga indiferente una opción u otra para la otra parte.

Para que al conductor *B* le sea indiferente continuar o apartarse, el conductor *A* debe optar entre continuar o apartarse con una probabilidad tal que:

$$-3(x)+2(1-x)=0(x)+1(1-x)$$

donde x=probabilidad de que *A* continúe

donde 1-x=probabilidad de que *A* se aparte

$$x=0,25$$

El mismo razonamiento y probabilidades son válidos para el conductor *B*. La probabilidad de que se maten es 0,25x0,25=0,0625 y, consiguientemente, la probabilidad de que ello no suceda 1-0,0625=0,9375.

Abrir una nueva farmacia

En un centro comercial de las afueras de la ciudad se ha instalado una farmacia. Viene disfrutando desde casi su apertura de un buen rendimiento, pero las nuevas medidas liberalizadoras adoptadas para el sector hacen temer que otro farmacéutico quiera abrir una nueva oficina. Las opciones que tiene la farmacia ya establecida, dado que necesariamente tendrán que vender los mismos productos (no cabe una estrategia de diferenciación de productos), quedan restringidas a competir en precios o acomodarse al nuevo *statu quo*.

Por su parte, para el nuevo farmacéutico, sus opciones serán las de abrir la segunda farmacia o, dado que ya existe una, abstenerse de entrar en el centro comercial y buscar otro emplazamiento. ¿La teoría de juegos puede ayudarnos a razonar en este caso? Posiblemente sí.

Supongamos que los beneficios totales a obtener por venta de medicamentos y parafarmacia sean de 100.000.000 de pts. Si sólo hay una farmacia, todo el beneficio será para ésta. Si se abre una segunda farmacia y se reparten el mercado al cincuenta por ciento (no compiten en precios), el beneficio será de 50.000.000 de ptas. para cada uno. Si entran en una feroz competencia en precios, el beneficio será cero. A su vez, la apertura de la nueva farmacia tiene un coste de 20.000.000 de ptas. La siguiente matriz refleja la situación:

		Farmacia existente	
		Pacta	Compite
Nueva farmacia	Entra	50 30	0 –20
	No entra	100 0	100 0

El juego así representado no tiene para ninguno de los dos farmacéuticos una estrategia dominante, es decir, un curso de acción que sea siempre preferible, cualquiera que sea la respuesta del otro. Hay dos situaciones distintas que convienen a ambos, según cuales sean sus estrategias. Si el nuevo farmacéutico está dispuesto a entrar, la farmacia existente lo mejor que puede hacer es pactar. Pero si la farmacia ya establecida está dispuesta a competir en precios, lo mejor que puede hacer el nuevo farmacéutico es buscar en otro sitio.

Para conocer cuál puede ser la situación final que prevalezca, es importante tener en cuenta quién mueve primero. Si la nueva farmacia se abre, entonces habrá acuerdo entre las dos. La única posibilidad de evitarlo es que la farmacia existente sea capaz de formular una amenaza creíble a la nueva farmacia de que, si abre, bajará los precios. Si la nueva farmacia considera creíble la amenaza no entrará y, en caso contrario, sí lo hará[2].

¿A QUÉ PRECIO VENDEMOS EL ACEITE? UN EJEMPLO DEL DILEMA DEL PRISIONERO

Dos cadenas de hipermercados, CONSISTENTE S. A. y PRIMA S. A., compiten en todas las zonas en las que las dos están establecidos por captar el mayor número posible de compradores. Dado que las características de ambos son muy similares en cuanto a facilidad de acceso, higiene y

[2] La presentación del juego que tiene en cuenta explícitamente las acciones que los jugadores pueden emprender y la secuencia en la que actúan se denomina "forma extensiva", frente a la presentación del juego en su "forma normal" que hemos venido utilizando. La representación de un juego en su "forma extensiva" se hace normalmente utilizando árboles de decisión.

presentación de los productos, etc., la competencia se establece en los precios de venta de determinados artículos que los expertos de *marketing* han identificado como aquellos que los consumidores toman como referencia. Las dos cadenas han llegado a la conclusión de que el precio que fijan para el aceite de oliva tiene una influencia notable sobre la atracción de la clientela[3].

Las posibles estrategias y resultados se ilustran en la siguiente matriz:

		Prima		
		180	160	140
Consistente	180	11 11	18 2	15 2
	160	2 18	8 8	15 3
	140	2 15	3 15	5 5

Supongamos que cada cadena puede fijar tres precios distintos para la botella de 1 litro: 180 pts., 160 pts. y 140 pts.

Las 160 pts. serían un precio bueno, 180 pts. un precio con un mayor margen de beneficio y 140 un precio de oferta. Si las dos cadenas fijan un precio de 180 pts/litro, sus ingresos mensuales por establecimiento serán de 11 millones. Si Consistente fija un precio de 180 pts/litro y Prima de 160, ésta ultima atraerá gran parte de la clientela de Consistente y aumentará sus ingresos mensuales hasta 18 millones, mientras que los de su rival se reducirán a 2 millones.

---

[3] Se trata de una mera ilustración del autor para reflejar un juego que, posiblemente, nada tenga que ver en su contenido con la realidad. ¿O quizá sí?

Si Prima baja el precio hasta 140 pts./litro y Consistente lo mantiene en 180, Prima atraerá todavía algo más de clientela, pero, por el menor precio, sus ingresos serán de 15 millones. Un análisis similar puede hacerse para las demás combinaciones posibles de precios.

Supongamos también que las decisiones sobre precios se toman para el período de un mes, y que sólo al mes siguiente se puede variar el precio[4]. Veamos, en primer lugar, qué sucedería si el juego se juega una sola vez, es decir, para un mes exclusivamente.

Pongámonos en la situación de Consistente. El razonamiento podría ser así: si Prima fija un precio de 180, mi mejor respuesta es 160. Si el precio que fija es 160, mi mejor respuesta es 140. Finalmente, si fija 140, mi mejor respuesta es también 140. Luego, cualquiera que sea la estrategia que adopte Prima, lo que está claro es que Consistente nunca adoptará la estrategia de fijar un precio de 180. En este sentido, 180 es una estrategia dominada. El análisis que haría Prima de las posibles estrategias de Consistente sería similar al efectuado por éste y concluiría también que 180 es una estrategia dominada. Si excluimos estas dos estrategias del juego, el nuevo escenario será el siguiente:

		Prima	
		160	140
Consistente	160	8 / 8	3 / 15
	140	15 / 3	5 / 5

[4] El análisis sería similar si suponemos que se puede reaccionar de un día para otro, pero probablemente habría que mantener el precio durante algún tiempo para que provocara el efecto deseado.

¿Qué puede hacer ahora Prima? Si fija 160 pts/litro, la mejor respuesta de Consistente es 140 pts/litro; y si fija 140 pts./litro, también la mejor respuesta es 140 pts./litro. Luego cualquiera que sea el precio que decida Prima, Consistente debe fijar 140. Si Prima razona en términos similares, los dos acabarán fijando precios de 140 pts./litro, compitiendo con sus mejores ofertas y obteniendo 5 millones de ingresos al mes, en lugar de los 11 millones que podrían obtener si hubiesen fijado el precio alto, o los 8 millones que proporciona el precio normal.

Este juego responde en su estructura a lo que se conoce en la literatura de la Teoría de juegos como el dilema del prisionero, en el que el comportamiento racional de cada jugador les conduce a un resultado ineficiente.

El dilema del prisionero es un resultado paradigmático de muchas situaciones que se producen en el mundo económico y ante problemas sociales. El caso anterior ilustra el proceso de dos hipermercados que compiten en la venta de un mismo producto, pero no es muy diferente de la dialéctica librecambio/proteccionismo que tanto ha ocupado la literatura sobre el comercio internacional, o del resultado al que conducen estrategias maximizadoras del beneficio empresarial que no internalizan los costes generales que imponen a la industria a la que pertenecen: sobreexplotación ganadera, pesquera, contaminación, y un largo etcétera[5].

El análisis se ha desarrollado explícitamente para el supuesto en el que los dos hipermercados sólo se enfrentan con la decisión de a qué precio vender una sola vez. Pero

---

[5] El diario *Expansión* del día 18 de abril de 1996 contenía la siguiente noticia: "Continente, El Corte Inglés, Euromadi y otros siete gigantes de la distribución se sentarán frente a diez fabricantes, como Campofrío, Henkel y Nestlé para intentar recortar sus costes un 5%... Unos y otros esperan ser más competitivos para luchar contra las nuevas fórmulas comerciales como el *hard discount*".

no es el escenario más realista para este tipo de producto. ¿Qué sucedería si analizamos este juego para un año o dos? Es decir, cada empresa decide mes a mes, durante 12 o 24 meses, el precio al que va a vender el aceite de oliva.

El mejor procedimiento para analizar este nuevo escenario es suponer que han transcurrido ya, digamos, 11 de los 12 meses. ¿Qué haría cada una de estas grandes superficies el último mes? Pues nada muy diferente a lo que harían en el escenario de juego cuando éste se estudia para una sola vez. Ambos decidirían un precio de 140. Transcurrido el último mes, y siguiendo un procedimiento de inducción hacia atrás, una vez resuelta la decisión del mes 12, en el mes 11, que ahora pasa a ser el último, Consistente y Prima decidirán de forma análoga. Así sucesivamente, llegaríamos hasta el primer mes; en todos ellos la estrategia consistente sería fijar el precio en 140 pts./litro. Este resultado se conoce en la literatura como la paradoja de la cadena de establecimientos (*chainstore paradox*) [Selten (1978)].

Tanto en el escenario en el que el juego tiene lugar una sola vez como en el que se repite durante un número más o menos largo, pero finito, de veces, la estrategia dominante es la de competir en los precios en lugar de cooperar o competir con precios superiores. Ahora bien, quizá pueda parecer más próxima a la realidad una situación en la que el juego tiene lugar un número infinito de veces. Bajo este supuesto, los dos hipermercados están condenados a actuar interactivamente hasta el infinito. ¿Cambiaría ello las posibles estrategias de equilibrio y el resultado del juego?

En primer lugar hay que anotar que ya no nos resulta válido el procedimiento de "inducción hacia atrás", porque no hay un último período de referencia[6]. La forma en la que debemos proceder consiste en analizar diferentes cursos de

[6] Un juego que consiste en un número infinito de repeticiones de otro juego se denomina superjuego.

acción y ver en qué medida dan lugar a resultados estables[7].

Una de estas estrategias consiste en buscar inicialmente la cooperación, fijando un precio de 180 pts./litro y mantenerlo, período tras período, siempre y cuando el otro hipermercado se comporte de la misma forma. Si no lo hace, bien porque fija un precio de 160 o de 140, la respuesta será bajar el precio hasta 140 pts./litro, es decir, competir abiertamente durante el resto del tiempo[8]. Esta estrategia, seguida por una de las partes y conocida perfectamente por la otra, conduce a un resultado cooperativo (180,180) estable. Efectivamente, si Consistente sigue esta estrategia, fijando al principio de cada mes un precio de 180 pts./litro y, en un momento determinado, Prima decide bajar el precio a 160 pts./litro, en ese mes obtendrá unos ingresos de 18 millones de ptas., pero a partir de ese momento, y por el resto del tiempo, sus ingresos mensuales caerán hasta 5 millones, fruto de la reacción de Consistente. Frente a esta estrategia, a Prima le irá mejor cooperando que entrando en una guerra de precios.

Pero estamos analizando un juego que se repite un número infinito de veces sin considerar el diferente valor en el tiempo que tienen los ingresos mensuales. ¿Cómo puede alterarse el resultado si incluimos un factor de descuento? Si llamamos δ al tipo de interés que utilizamos para descontar las ventas entre períodos, el factor de descuento será δ =1/(1+5)[9]. Si, en un momento dado, Prima decide una acción agresiva de oferta del producto al precio de 140 pts./litro,

---

[7] De equilibrio de Nash.

[8] Esta estrategia se conoce como la estrategia inflexible (*Grim Strategy* o *Trigger Strategy*) en la literatura.

[9] Por ejemplo, si δ = 10%, δ' = 0,909. Ello significa que unos ingresos de 18 millones en el período (n+1) son equivalentes a 16,36 millones en (n).

sus ingresos mensuales serán de 18 millones en ese período y de $5/(1\text{-}\delta)$ millones para los restantes. Esta estrategia sólo le resultará interesante en la medida en la que

$$\frac{11}{(1-\delta)} > 1 + \frac{5\,\delta}{(1-\delta)}$$

LA GENERALIZACIÓN DEL DILEMA DEL PRISIONERO: UN ANÁLISIS ESTRATÉGICO DE ALGUNOS PROBLEMAS SOCIALES

El análisis de las estrategias posibles en el caso de los dos supermercados describe, como decíamos, una situación tipo del dilema del prisionero: cada centro tiene una preferencia incondicional independientemente de lo que haga la otra, una estrategia dominante. Existen múltiples situaciones que participan de esta estructura, donde puede sustituirse la definición de "el otro supermercado" o "la otra persona", por el concepto de "todos los demás". Schelling (1989) ha definido magistralmente el dilema del prisionero generalizado o dilema del prisionero de muchas personas uniformes, cuando:

1. Hay n personas, cada una con la misma elección entre dos alternativas posibles, y para las que la recompensa o la sanción por elegir una determinada opción es idéntica.
2. Cada una prefiere una elección independientemente de lo que los otros hagan y todos prefieren la misma elección.
3. Cualquiera que sea la elección que haga una persona, sacará mayor provecho cuantas más personas se inclinen por la opción contraria.
4. En relación con el punto anterior, hay un cierto número $K > 1$ de tal manera que si los individuos que

integran *K* o más se inclinan por la opción que no prefieren y el resto no lo hace, los que sí lo hacen sacarán mayor provecho que si todos se hubieran inclinado por sus opciones preferidas. Sin embargo, si el número que integran es menor que *K*, este principio no resulta aplicable. *K* puede definirse como el tamaño mínimo de cualquier coalición para que pueda sacar provecho de abstenerse de la elección preferida.

Las situaciones que reúnen las características del dilema del prisionero generalizado tienen también mucha proximidad con los modelos de masa crítica que se describen más adelante[10] porque hay un número *K* determinante de que los efectos se produzcan o no, pero son modelos de comportamiento muy diferentes.

Margolis (1991) define esta generalización del dilema en el ámbito de los problemas sociales como el resultado de la interacción entre la motivación social de cada individuo y su propio interés particular.

Gráfico 1

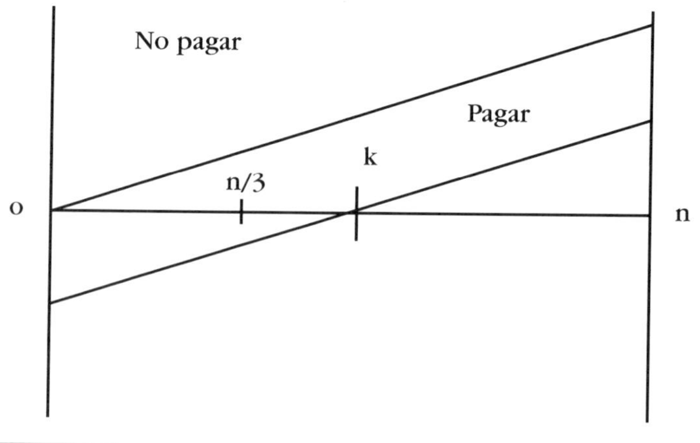

[10] Ver capítulo IV.3.

El Gráfico 1 nos permite analizar un supuesto concreto.

Pensemos en una urbanización de las afueras de Madrid que desea iniciar un proceso de segregación y convertirse en un municipio independiente. Para ello es necesario presentar un determinado número de firmas al Ayuntamiento que rige el ámbito de territorio que integra la urbanización, y hacer un determinado desembolso para afrontar todos los costes administrativos y de gestión del proceso. Desde el punto de vista egoísta, lo mejor es que de todos los habitantes de la urbanización, todos excepto yo, soliciten la segregación, firmen por ella, y abonen la parte alícuota de gastos de administración y gestión.

En la figura anterior, *n* es el número de habitantes de la urbanización, además de mí. Es decir, la población total es *n*+1. El eje horizontal mide el número de personas de izquierda a derecha desde *0* hasta *n*. El valor *K* representa, en el eje horizontal, que *k* personas eligen pagar, mientras que *n-k* deciden no hacerlo. Las curvas NO PAGAR y PAGAR muestran el valor, para el sujeto que estamos examinando, de pagar o no pagar, cuando un determinado número de personas decide hacerlo o no. Así, cuando *n*/3 personas deciden pagar, el valor de no pagar para el sujeto examinado viene dado por la distancia entre el eje horizontal y la línea ascendente NO PAGAR. El valor de pagar, análogamente, por la distancia entre ese punto y el correspondiente a la línea PAGAR. Como puede observarse, la elección de PAGAR es siempre peor que la elección de NO PAGAR.

Hay una serie de reflexiones que se pueden hacer a la luz del modelo. La primera de ellas es la constatación de que cuantas más personas paguen y soliciten la segregación, mejor estaré yo que no pago y veo aumentadas las probabilidades de segregación. Por otro lado, hay un número *K* de personas que, como mínimo, son necesarias para que el proyecto sea viable, bien porque se necesita presentar un determinado número de solicitudes, bien porque el dinero necesario para sufragar los costes sólo será desembolsado si el coste per cápita, decreciente a medida que aumenta el número de solicitantes, es asumible por cada uno.

La forma del modelo puede variar, pero su esencia es la misma.

Al incorporarse los coches a la autopista, lo hacen a través de un carril de aceleración suficientemente amplio como para admitir dos coches simultáneamente. Si todos los coches marchan en fila, el tráfico es fluido porque el carril de incorporación es lo bastante amplio. Si alguno de los coches opta por circular en paralelo, podrá ir adelantando a todos aquellos que no se salen de la fila. Pero si todos comienzan a salirse de la fila, el atasco está garantizado.

No obstante, hay una fracción de distribución entre coches que respetan la fila y coches que circulan en paralelo que aumenta la fluidez total del tráfico. Dicho punto viene dado por *K*, que es el que maximiza el valor total de la fluidez del tráfico representado por la línea de puntos. La

Gráfico 2

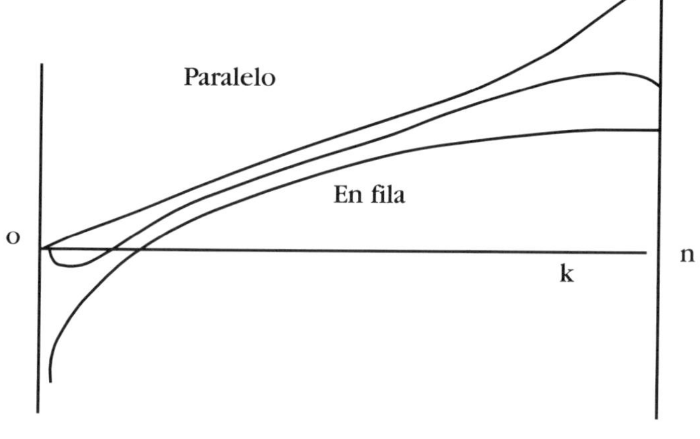

línea muestra el valor total correspondiente a la suma de los que escogen derecha e izquierda. En *k*, este número escoge mantener la fila, mientras que *(n-k)* decide circular en paralelo. Saltarse la cola del cine, no pagar cantidad alguna cuando ésta se pide de forma voluntaria al entrar en los museos, o abusar de lavar el coche cuando el agua del jardín en la comunidad de propietarios no se factura de forma individual, serían otros tantos ejemplos de dilema del prisionero generalizado en los hábitos y comportamientos sociales.

El análisis gráfico de Schelling constituye una magnífica herramienta para el estudio de estas situaciones.

Estrategia y Derecho

El análisis estratégico formal de los problemas, aunque ha encontrado su campo natural de aplicación en la ciencia económica, ha ido extendiéndose a otras muchas esferas, como es el caso del mundo del Derecho.

El ejemplo de un accidente de tráfico entre un motorista y un peatón, tomado de Baird, Gertner y Picker (1994), es suficientemente expresivo de las posibilidades de aplicación del pensamiento estratégico-formal a esta disciplina. Los citados autores examinan el comportamiento del motorista y del peatón, las probabilidades de que se produzca un accidente, en función del cuidado con el que ambos se comportan que, a su vez, viene influido por el marco jurídico del régimen de responsabilidad existente.

Se parte de un modelo en el que tanto uno como otro no tienen ninguna información excepto el grado de prudencia que tiene la otra parte. Distinguen bien lo que es actuar prudentemente y lo que no, y conocen también las consecuencias legales de cada acto. Suponemos también que los tribunales harán cumplir plenamente las consecuencias legales previstas.

El juego, en su forma normal, requiere definir quiénes son los jugadores, cuáles son las estrategias que puede seguir cada jugador y, finalmente, cuál es el esquema de retribuciones o recompensas que corresponde a las diferentes combinaciones de estrategias. Los jugadores son, en este caso, el motorista y el peatón; las estrategias se reducen a dos: tener cuidado (definido como la proporción de prevención que es socialmente óptima) y no tener cuidado. Por último, la estructura de recompensas se aprecia en la representación normal del juego.

		MOTORISTA	
		no tiene cuidado	tiene cuidado
PEATÓN	no tiene cuidado	0 –100	–10 –100
	tiene cuidado	0 –110	–10 –20

Dicho esquema responde al principio de que la probabilidad de que ocurra un accidente se reduce en la medida en que las partes son más cuidadosas, si bien hay un momento a partir del cual el coste adicional de adoptar mayores precauciones no reduce la probabilidad de accidente de una manera lo suficientemente relevante como para que se justifique.

De acuerdo con el modelo de Baird, Gestner y Picker (1994), el coste de tener cuidado es 10 unidades monetarias. Si se produce un accidente, la valoración del coste que sufre el peatón es de 100 unidades.

Se parte de la hipótesis de que el accidente ocurre con toda probabilidad, a menos que los dos sujetos tengan cuidado. Pero si ambos se muestran cautelosos existe, todavía, una probabilidad del 10% de que el accidente se produzca.

El esquema de pagos refleja asimismo un régimen jurídico en el que el motorista no tiene una responsabilidad civil en caso de accidente, tanto si se comporta con la debida precaución como si no.

En efecto, si el motorista no toma ninguna precaución y el peatón tampoco, el coste para el primero es 0 u.m. y -100 para el segundo. Si el peatón toma precauciones, el coste para el motorista sigue siendo 0 u.m. y para el peatón -110 (-10 debidos al coste de tomar precauciones y -100 debidas al accidente que, con toda probabilidad, según el modelo, ocurrirá). Si ambos tienen cuidado, el motorista tendrá una retribución de -10 u.m. y el peatón de -20 (-10 u.m. de coste de inversión en evitar el riesgo, y -10 del coste esperado del accidente al existir una probabilidad del 10% de sufrir un coste de 100). Finalmente, si el motorista tiene cuidado y el peatón no, las retribuciones serán de -10 y -100 respectivamente.

De acuerdo con esta estructura del juego, y ante la ausencia de un régimen de responsabilidad civil del motorista en caso de accidente, es claro que el motorista prefiere seguir una estrategia consistente en no tomar ninguna precaución que en tomarla, lo cual resulta bastante fácil de entender de manera intuitiva, dentro, claro está de las severas restricciones con las que se ha definido el juego. Lo que resulta más sorprendente es que ante esta estrategia, el comportamiento más racional del peatón sea el de no tomar tampoco ninguna precaución (-100 es preferible a -110). Este resultado debe entenderse en el supuesto que presenta el modelo de que el accidente es de todo punto inevitable si el motorista no toma ninguna precaución.

Veamos qué sucede si nos vamos al extremo opuesto, en el que el motorista está sujeto siempre a una responsabilidad civil con obligación de indemnizar al peatón, siempre que ocurra un accidente, tanto si se ha comportado de forma cautelosa como si no lo ha hecho.

La siguiente matriz muestra este nuevo escenario.

		MOTORISTA	
		no tiene cuidado	tiene cuidado
PEATÓN	no tiene cuidado	−100 0	−110 0
	tiene cuidado	−100 −10	−20 −10

El cambio en el régimen de responsabilidad reasigna los costes del posible accidente entre el motorista y el peatón, pero las cantidades totales dentro de cada combinación de estrategia, tal y como puede observarse en la matriz, son las mismas.

En este nuevo juego, si el motorista no tiene cuidado, asume el coste de 100 u.m., tanto si el peatón se comporta con precaución (-10) como si no lo hace (0). Si el motorista adopta precauciones y el peatón no, la estructura de recompensas sería -110 u.m. para el primero y 0 u.m. para el segundo. Si ambos tienen cuidado, éstas serán -20 u.m. y -10 u.m. respectivamente.

¿Qué tipo de estrategias serán adoptadas por los jugadores en este esquema? Para el peatón, la estrategia de no tener cuidado domina estrictamente a la alternativa de tomar precauciones. Bajo esta idea, el motorista, sabiendo que el peatón no tomará ninguna precaución, decidirá asimismo no ser cauteloso y el accidente ocurrirá de manera inevitable.

Dentro de los supuestos del problema, tanto el régimen de ausencia de una responsabilidad civil como el de una responsabilidad civil atribuible en todo caso al motorista conducen al mismo resultado indeseable.

Analicemos a continuación una situación intermedia en la que rige el principio de negligencia con negligencia concurrente[11]. De acuerdo con este criterio, el peatón puede resarcirse de los daños causados sólo en el supuesto en el que el motorista se comporta de forma negligente mientras que el peatón se comporta de manera diligente. La nueva estructura es la siguiente:

		MOTORISTA	
		no tiene cuidado	tiene cuidado
PEATÓN	no tiene cuidado	0 –100	–10 –100
	tiene cuidado	–100 –10	–10 –20

En esta situación, el peatón soporta el coste del accidente en todos los supuestos excepto en aquel en que él actúa diligentemente y el motorista no. En este último caso, el peatón soporta un coste de 10 u.m. y el motorista de 100 u. m.

Cuando el régimen de responsabilidad civil es como el descrito, el peatón tiene una estrategia dominante: tener siempre cuidado. Simultáneamente, dado este comportamiento del peatón, lo mejor que puede hacer el motorista es tener cuidado también. El resultado, desde un punto de vista social, es superior a cualquiera de los otros dos.

El análisis anterior, muy sencillo y nada sofisticado, proporciona, sin embargo, una introspección muy clara acerca de los comportamientos de los individuos y del papel que debe cumplir el sistema jurídico. El marco jurídico debe establecer un sistema de incentivos y desincentivos que

[11] *Negligence plus contributory negligence* en el Derecho americano.

determine que la toma de decisiones racional por parte de los agentes que intervienen produzca resultados socialmente deseables. Desde este punto de vista, el tipo de análisis que ofrece la Teoría de juegos al mundo del Derecho permite, en mi opinión, incorporar conceptos como los de eficiencia y óptimo social al campo del sistema jurídico y analizar, en estos términos, la funcionalidad de las normas. Ésta es, pues, una dimensión muy reciente en la que el análisis estratégico-formal puede ofrecer notables contribuciones.

CONCLUSIONES

En este capítulo se describen una serie de juegos clásicos que ilustran una multiplicidad de situaciones tipo que se pueden observar con frecuencia en el mundo real. La presentación formal de los juegos que aquí se hace persigue, además, introducirnos en el campo del pensamiento estratégico. La representación modelizada de la realidad a través del esquema de matrices (juego en su forma normal) es un instrumento de gran utilidad para captar los aspectos esenciales de un gran número de problemas con que se enfrentan a diario los directivos.

REFERENCIAS BIBLIOGRÁFICAS

BAIRD, GERTNER Y PICKER (1994): *Game theory and the law.* Harvard University Press.

BALDWIN, B. Y MEESE G. (1979): "Social Behavior in Pigs Studied by Means of Operant Conditioning", *Animal Behavior* 1979. 27: 947-57.

HAYWOOD, O. (1954): "Military Decisions and Game Theory", *Journal of the Operations Research Society of America.* Noviembre 1954. 2,4; 365-85.

MARGOLIS, HOWARD (1991): "Free Riding versus Cooperation". *Strategy and Choice.* Richard Zeckhauser. The Mit Press.

MCMILLAN, JOHN (1992): *Games, Stragies and Managers,* Oxford University Press.

RASMUSEN (1989): *Games and Information.* Blackwell.

SCHELLING, THOMAS (1984): *Choice and Consequence.* Harvard University Press.

SELTEN, REINHARD (1978): "The chain-store Paradox". *Theory and Decision.* Abril 1978. 9.2.

SIEBE, WILFRIED (1995): La negociación y la teoría de juegos. ICE nº 737. Enero 1995.

Capítulo Tercero

Decidir racionalmente

¿QUÉ ES DECIDIR RACIONALMENTE?

Gestionar estratégicamente requiere ser capaz de adoptar decisiones en un contexto que puede ser –aunque rara vez lo sea– de certidumbre, de riesgo, de incertidumbre o –lo que es más frecuente– de pura ignorancia. Pero, además, en un contexto que no permanece inmóvil ante nuestras acciones, sino que reacciona teniendo en cuenta anticipadamente la forma en la que vamos a actuar. Es decir, el proceso de decisión tiene lugar en un contexto estratégico.

En consecuencia, no sólo es relevante entender la forma en la que se desarrollan nuestros propios procesos de decisión, sino también la forma en la que los demás, aquellos con quienes interactuamos, toman sus decisiones con respecto a nuestras acciones esperadas.

Existe una abundante literatura, desde el campo de la filosofía hasta el de la abstracción matemática, que ha estudiado profusamente el problema de la toma de decisiones. Básicamente, se pueden distinguir dos aproximaciones al respecto: la aproximación normativa, que nos dice cómo debemos comportarnos para alcanzar nuestros objetivos en la mayor medida posible, y que tiene su expresión en la teoría de la elección racional; y la aproximación descriptiva, que trata de explicar cómo se comportan de hecho los individuos o los grupos de individuos en la vida real.

Una cierta introspección en el mundo de la adopción de decisiones es, pues, esencial para gestionar estratégicamente.

Cuando utilizamos la expresión cotidiana "comportamiento racional", estamos haciendo referencia normalmente a aquel comportamiento que entraña utilizar los mejores medios disponibles para alcanzar un fin determinado. Así, pues, incluso desde un punto de vista del mero sentido común, la idea de racionalidad aparece como un concepto normativo: qué debemos hacer para alcanzar un fin determinado (Harsanyi 1986). Desde esta perspectiva, la teoría de la elección racional es una teoría normativa (Elster 1986), que nos dice cómo debemos comportarnos.

Ahora bien, incluso desde los dictados del sentido común, el concepto de racionalidad tiene importantes implicaciones no normativas o positivas: se utiliza para explicar, predecir o simplemente describir el comportamiento humano (Harsanyi 1986).

Para un importante número de autores, que podríamos denominar "los racionalistas", hay una base lo suficientemente sólida como para pensar, a priori, que la gente se comporta racionalmente. Para entender a los demás, se sostiene, debemos asumir que, con generalidad, sus preferencias y sus creencias son coherentes y que se comportan de forma coherente para satisfacerlas (Elster 1986).

Es más, en un contexto de certidumbre plena, si las preferencias de una persona son coherentes y tienen continuidad, este esquema de preferencias podría representarse mediante una función de utilidad bien definida. Comportarse racionalmente supondría maximizar su función de utilidad.

Pero raras veces las decisiones encajan con este esquema. Las decisiones se toman en ocasiones en un contexto de riesgo, en el que sabemos qué resultados pueden obtenerse si emprendemos una determinada acción, pero hay varios resultados posibles, cada uno de ellos con una probabilidad de ocurrir determinada. Si tiramos una moneda al aire, sabemos que caerá mostrando cara o mostrando cruz, pero no hay certeza de que saldrá cara o cruz, sino una probabilidad conocida para cada suceso: 50% de probabilidades de que salga cara y 50% de que salga cruz.

Algunas veces, el gestor que toma sus decisiones debe hacerlo en un ambiente de incertidumbre. En este supuesto no hay unas probabilidades objetivas para cada resultado posible ante un curso de acción, sino que tienen que ser estimadas subjetivamente por quien decide. La probabilidad de que como consecuencia de fumar un paquete diario de cigarrillos se desarrolle un cáncer de pulmón pertenecería a esta categoría de decisiones.

Finalmente, y ello sucede con mucha más frecuencia de lo que sería deseable, ni siquiera sabemos qué es lo que puede suceder, cuáles son las consecuencias de nuestras decisiones y mucho menos aún la probabilidad de que sucedan. Es el mundo de la pura ignorancia. La forma en la que la atmósfera responde al empleo de los gases fluorurocarbonados es un ejemplo de esta última situación. Quizá pueda conocerse el efecto sobre el incremento global de la temperatura, pero hay absoluta ignorancia de sus efectos sobre la corteza de la tierra.

Tanto en situaciones de certidumbre como en situaciones de riesgo o incertidumbre, la teoría de la decisión o el comportamiento racional prescribe que el agente decisor debe maximizar su utilidad. En situaciones de riesgo o incertidumbre, el objetivo será maximizar la utilidad esperada.

Ahora bien, como decíamos anteriormente, gestionar estratégicamente requiere no sólo ser capaz de adoptar decisiones en un contexto de riesgo, incertidumbre o incluso ignorancia, sino también en un contexto de interdependencia con las acciones y decisiones de los demás individuos con los que interactuamos, es decir, en un contexto estratégico.

La teoría de la elección racional da paso, dentro asimismo del campo de la teoría normativa, a la Teoría de juegos como instrumento de análisis y predicción de resultados en situaciones en las que éstos dependen del comportamiento racional de dos o más individuos que persiguen intereses que están total o parcialmente en conflicto (Harsanyi 1986).

El campo del pensamiento estratégico es, pues, el campo de la Teoría de juegos. Sin embargo, sería totalmente inútil intentar transformar la forma de pensar y de actuar de cualquier *manager* que debe estar tomando decisiones a diario y asumiendo continuamente la responsabilidad de sus acciones, explicándole la Teoría de juegos. Esta Teoría es una disciplina altamente formalizada que lleva incorporado un aparato matemático nada despreciable. Sin embargo, muchas de sus ideas y de sus instrumentos de análisis son enormemente útiles y adecuados para introducir al *manager* en el mundo del pensamiento estratégico.

Gestionar estratégicamente no es gestionar según las prescripciones de la Teoría de juegos, pero sí es traspasar la barrera de nuestro propio pensamiento incorporando el comportamiento esperado en los demás a nuestras reglas de decisión.

La primera norma para gestionar estratégicamente es actuar racionalmente. Aunque este enunciado es de una abrumadora simplicidad, constituye el presupuesto de toda la Teoría racional.

Es cierto que existen, como esbozábamos anteriormente, buenos argumentos para pensar que la teoría del comportamiento racional explica con solvencia la forma en la que actúan las personas. En primer lugar, es razonable pensar que los individuos son eficaces a la hora de perseguir sus objetivos, especialmente cuando tienen incentivos para ello y pueden aprender de la experiencia. Parece razonable, en consecuencia, considerar el proceso de decisión como un proceso de maximización de preferencias. En segundo lugar, la competencia sesga en favor de los individuos y las organizaciones que se comportan racionalmente. Las decisiones óptimas aumentan la probabilidad de sobrevivir en un entorno competitivo, y un pequeño grupo de individuos racionales pueden en ocasiones imponer un comportamiento racional en el mercado en su conjunto.

Sin embargo, para otros muchos autores, el debate de si la teoría del comportamiento racional y las hipótesis de maximización de la utilidad son base suficiente para explicar y predecir el comportamiento económico es una discusión estéril, porque la evidencia de que no sirven es aplastante (Simon 1986). Hay que acudir a conceptos mucho menos ambiciosos del comportamiento de los individuos, como los de racionalidad limitada o razonabilidad (Simon 1982), que toman en consideración la influencia que tienen en el sujeto decisor un sinnúmero de elementos como la complejidad del contexto, los procesos de aprendizaje, etc.

Es difícilmente discutible que las personas tienden a desviarse del comportamiento racional. Estas desviaciones del modelo normativo son, además, bastante generalizadas, se producen de forma sistemática y empíricamente contrastable, y son lo suficientemente importantes como para estudiarlas con detenimiento. Esta aparente irracionalidad en el comportamiento de individuos altamente cualificados tiene su explicación en un conjunto de errores y sesgos típicos cuyo conocimiento y corrección es indispensable para gestionar eficazmente.

ERRORES A LA HORA DE ENMARCAR LAS DECISIONES

La presentación de un mismo problema de decisión bajo formas alternativas puede ejercer una influencia determinante en la decisión final. Evidentemente, con ello se está violando una regla bastante obvia del proceso de decisión racional, la llamada regla de la invarianza: una presentación diferente del mismo problema de decisión no debe dar lugar a una alteración en las preferencias. Dicho de otra forma, las preferencias entre distintas alternativas de acción deben ser independientes de la forma en la que se describen.

El siguiente ejemplo sobre preferencias por tratamientos médicos alternativos (McNeil, Panker, Sox y Tversky 1982) (Tversky y Kahneman 1984) es bastante ilustrativo de este tipo de errores:

A dos grupos de personas se les presenta la misma información estadística sobre los resultados de dos tratamientos para combatir el cáncer de pulmón. A un grupo, la información se le presenta bajo la forma de *ratios* de supervivencia. Al segundo grupo, la información se le presenta bajo la forma de *ratios* de mortalidad

– *Caso 1:*

Cirugía: De 100 personas operadas, 90 viven después del proceso postoperatorio, 68 viven después del primer año, y 34 viven después de cinco años.

Radiación: De 100 personas sometidas a radiación, todos viven después del tratamiento, 77 viven después del primer año y 22 viven después de cinco años.

– *Caso 2:*

Cirugía: De 100 personas operadas, 10 mueren durante la operación o después del postoperatorio, 32 mueren durante el primer año y 66 mueren al cabo de cinco años.

Radiación: De 100 personas sometidas a radiación, ninguno muere durante el tratamiento, 23 mueren durante el primer año y 78 mueren al cabo de cinco años.

La diferente presentación de un mismo problema de decisión produjo una divergencia de respuestas altamente significativas. En el grupo en el que se presentó el caso 1, el marco de supervivencia, el porcentaje de respuestas en favor del tratamiento por radiación fue del 18%. En el grupo en el que se presentó el problema bajo el marco de mortalidad, el porcentaje de respuestas en favor del tratamiento por radiación alcanzó el 44%. Las ventajas del tratamiento de radiaciones respecto del quirúrgico crece significativamente cuando se presenta como capaz de reducir el riesgo de muerte inmediata del 10% al 0%, frente a la presentación alternativa de incrementar el porcentaje de supervivencia del 90% al 100%.

El impacto del efecto de presentación en colectivos de médicos con experiencia o estudiantes de Administración de Empresas con una buena formación estadística no fue inferior al obtenido al experimentar con simples pacientes de las clínicas (Tversky y Kahneman 1984).

Otro comportamiento llamativo y sistemático en la mayoría de los sujetos es la aversión a las pérdidas. La respuesta de las personas frente a una pérdida es mucho más radical, en términos generales, que respecto a las ganancias.

El siguiente ejemplo es descriptivo del impacto que tiene sobre el sujeto decisor la presentación positiva o negativa del problema. Como una ganancia o como una pérdida.

– *Caso 1:*

Suponga que hoy tiene 300.000 ptas. más de las que tenía ayer. Tiene que escoger entre:

a) una ganancia segura de 100.000 ptas.

b) un 50% de probabilidades de ganar 200.000 y un 50% de probabilidades de no ganar nada.

– *Caso 2:*

Suponga que hoy tiene 500.000 ptas. más de las que tenía ayer. Tiene que escoger entre:

a) una pérdida segura de 100.000 ptas.

b) un 50% de probabilidades de no perder nada y un 50% de probabilidades de perder 200.000 ptas.

Enfrentados con este problema de decisión, un 72% de los encuestados optó por la elección a) en el caso 1, mientras que en el caso 2, un 64% eligió la opción b). Es decir, ante la presentación positiva del problema, bajo la forma de una ganancia, la mayoría de las personas muestran aversión al riesgo. Sin embargo, ante la presentación negativa de la decisión, bajo la forma de una pérdida, la mayoría se comporta con propensión al riesgo. El comportamiento tan significativamente distinto en el caso 1 y en el 2 es curioso, porque el problema que se plantea es exactamente el mismo. En ambos casos, el decisor se encuentra ante una elección de 400.000 ptas. seguras o una probabilidad igual de ganar o 500.000 o 300.000.

El caso 2 se construye a partir del caso 1, añadiendo 200.000 ptas. a la dotación inicial y restando esta cantidad de las dos opciones.

Otra consideración interesante que se puede hacer es que la respuesta de la gente ante las variaciones, cuando éstas son de pequeña escala, en la riqueza inicial, es muy escasa.

Es la presentación como ganancia o como pérdida la que influye decisivamente en la opción tomada. La respuesta más extrema de los sujetos frente a las pérdidas es la que conduce a la mayoría de los encuestados a aceptar, ante la eventualidad de una pérdida segura, la lotería que les ofrece una cierta probabilidad de no incurrir en ellas.

Este mismo fenómeno se detecta en las diferencias observadas entre la cantidad de dinero que la gente está dispuesta a pagar por un objeto y la compensación que exigen por desprenderse de él.

El siguiente experimento (Bazerman y Neale 1992) refleja bien estas diferencias de valoración según su forma de presentación, contrastadas en numerosos estudios (Kahneman, Knetsch y Thaler 1993).

A un grupo de participantes en el experimento se les entrega una estatuilla y se les comunica que son propietarios del objeto. Tienen la opción de venderlo si el precio que les ofrecen por ella es aceptable. Se les entrega una lista de precios que va desde 500 ptas. hasta 9.500 a intervalos de 500 ptas.

Precio	*Vendo*	*Conservo*
500	–	–
1.000	–	–
1.500	–	–
2.000	–	–
2.500	–	–
3.000	–	–
3.500	–	–
.	.	.
.	.	.
.	.	.
.	.	.
9.500	–	–

Para cada precio, el participante en el experimento debe decidir si vendería la estatuilla o la conservaría en su poder.

A otro grupo de participantes se les entrega una determinada cantidad de dinero y se les instruye que pueden o bien conservarla o bien comprar la estatuilla. Deben señalar, análogamente, para cada precio, si están dispuestos a comprar el objeto o a conservar el dinero. Finalmente, se forma un tercer grupo al que se les da la opción de recibir bien la estatuilla, bien una suma de dinero, y, asimismo, deben indicar también a qué precio están dispuestos a adquirir la figura.

El valor medio de los precios pedidos por los vendedores fue de 7.120 ptas.; el de los compradores 2.880 ptas.; y el de los que tuvieron la opción de recibir la estatuilla o el dinero, 3.120 ptas. El resultado es altamente significativo del valor adicional que los compradores otorgaron al objeto cuya propiedad les fue atribuida. Bazerman y Neale (1993) afirman que el hecho de poseer algo cambia la naturaleza de la relación con el objeto: cederlo parece una pérdida. Al estimar su valor se añade una prima o compensación por la pérdida del objeto.

Thaler (1980), Bazerman (1983), Bazerman y Neale (1985) han puesto de manifiesto el impacto que produce en el comportamiento de los individuos la presentación de un precio como un recargo o como un descuento. Es más tolerable el no conseguir un descuento en el precio que admitir un recargo, aunque el resultado final en el precio sea el mismo. El primero es concebido como una ganancia, mientras que el segundo se percibe como una pérdida. Desde esta perspectiva, por ejemplo, no es lo mismo presentar la diferencia entre un precio de contado y el precio con pago mediante tarjeta de crédito como un descuento por pagar al contado que como un recargo por pagar con tarjeta de crédito[12].

Otra prescripción de la teoría de la elección racional es que ante dos o más cursos de acción posible, si uno de ellos aparece como dominado por otra estrategia, debe ser eliminado de las opciones posibles. La regla es bastante intuitiva.

---

[12] Yo mismo he experimentado este fenómeno. En muchos países latinoamericanos, debido al riesgo de cambio, aunque la razón no es relevante a estos efectos, ante la propuesta de pagar con tarjeta de crédito, indican la necesidad de exigir un recargo sobre el precio. En España, es frecuente que a la hora de pagar se pida un descuento si se abona en efectivo. La reacción en el primer caso tiende a ser más radical en contra del uso de la tarjeta que en el segundo caso, en el que muchas veces no se pide el descuento o se ignora por la comodidad de pago con tarjeta.

Supongamos que nuestro sujeto decisor se enfrenta a dos opciones a la hora de escoger entre bolas de diferentes colores que dan lugar a ganancias o pérdidas diversas y que tienen distintas probabilidades de ser escogidas aleatoriamente (Kahneman y Tversky 1984).

Opción 1

Bola	Blanca 90%	Roja 6%	Verde 1%	Azul 1%	Amarilla 2%
Resultado	0 ptas.	450 ptas.	300 ptas.	–150 ptas.	–150 ptas.

Opción 2

Bola	Blanca 90%	Roja 6%	Verde 1%	Azul 1%	Amarilla 2%
Resultado	0 ptas.	450 ptas.	450 ptas.	–100 ptas.	–150 ptas.

No es muy difícil de observar que la opción 2 domina a la opción 1 y que, en consecuencia, una elección racional consiste en escoger 2 y rechazar 1.

Miremos ahora el siguiente caso que altera las condiciones del problema anterior.

Opción 3

Bola	Blanca 90%	Roja 6%	Verde 1%	Amarilla 3%
Resultado	0 ptas.	450 ptas.	300 ptas.	–150 ptas.

Opción 4

Bola	Blanca 90%	Roja 7%	Verde 1%	Amarilla 2%
Resultado	0 ptas.	450 ptas.	–100 ptas.	–150 ptas.

En este supuesto, la elección es menos transparente que en el caso anterior. Si se examina atentamente el problema se verá que la opción 4 domina a la opción 3, pero la existencia de dos tipos de bolas cuya extracción da lugar a pérdidas induce a una elección no racional a una mayoría de sujetos. De los encuestados un 58% eligió la opción denominada 3.

Se podrían añadir muchos otros ejemplos que evidencian empíricamente cómo la gente elige opciones que son inferiores, o que son dominadas por otras, cuando esta relación de dominación no es absolutamente transparente.

LA TIRANIA DEL *STATU QUO*

Bajo el título de este apartado, que parafrasea el excelente libro del Nobel de Economía, Milton Friedman[13], se describen un tipo de sesgos muy característicos pero que pueden agruparse también dentro de la denominación genérica de sesgos de enmarcamiento: se trata de la influencia que ejerce a la hora de decidir la situación existente o *statu quo*.

Se puede constrastar empíricamente (Samuelson, W. y Zeckhauser, R. 1987) que el *statu quo* produce efectos significativos y predecibles en el comportamiento de los sujetos decisores. La intensidad del efecto del *statu quo* depende de la intensidad de las preferencias del sujeto y del número de opciones que se presenten. Cuanto más fuertes y marcadas son las preferencias del sujeto, menor es el sesgo. Cuanto mayor es el número de opciones disponible, mayor es también el sesgo relativo del *statu quo*.

Es indudable que este tipo de comportamientos suponen una nueva objeción nada desdeñable a la teoría de la elección racional.

La razón que puede hallarse detrás del efecto retentivo del *statu quo* puede estar en la pura comodidad del sujeto,

[13] Milton y Rose Friedman: *La tiranía del statu quo*. Ariel 1984. Aunque la tesis que mantiene la obra nada tiene que ver en las ideas que aquí se desarrollan.

en sus hábitos o en la inercia, en la política explícita o implícita de la Institución de que se trate, en el miedo o en el conservadurismo (Samuelson, W. y Zeckhauser, R. 1987).

Incluso, en las decisiones del día a día, el gestor que está asumiendo la responsabilidad de decidir puede que ni siquiera sea capaz de reconocer que hay una posibilidad de elección.

La primera decisión a tomar es, muchas veces, simplemente el reconocimiento de que se puede decidir. Esta falta de percepción de las opciones no hace sino reforzar la preeminencia del *statu quo*.

Algunos de los experimentos efectuados para contrastar la influencia del *statu quo* se basan en la presentación de un problema de decisión según formulaciones alternativas. En una formulación todas las opciones aparecen como neutrales. En una o varias formulaciones alternativas una opción concreta representa el *statu quo*. El siguiente ejemplo (Samuelson, W. y Zeckhauser, R. 1987) responde a este esquema de presentación:

Alternativa 1

Usted es un lector frecuente de las páginas de información financiera de la prensa especializada pero, hasta ahora, apenas ha tenido fondos para invertir. En el momento presente hereda una importante suma de dinero de un tío suyo. Está considerando distintas alternativas de inversión. Sus opciones son las siguientes:

a) Inversión en la compañía A de riesgo moderado. Después de un año, la inversión tiene un 50% de probabilidades de aumentar en un 30%; un 20% de probabilidades de permanecer constante; y un 30% de probabilidades de que disminuya su valor en un 20%.
b) Inversión en la compañía B de alto riesgo. Después de un año, la inversión tiene un 40% de probabilidades

de doblar su valor; un 30% de posibilidades de permanecer constante; y un 30% de probabilidades de reducir su valor en un 40%.

c) Inversión en bonos del tesoro. Después de un año el rendimiento prácticamente seguro es del 9%.

d) Inversión en bonos municipales. Después de un año dan un rendimiento libre de impuestos del 6%.

Alternativa 2

Usted es un lector frecuente de las páginas de información financiera de la prensa especializada pero, hasta ahora, apenas ha tenido fondos para invertir. En el momento presente hereda una importante suma de dinero de un tío suyo. Una parte significativa de la herencia está invertida en la Compañía A, de riesgo moderado. Está considerando si dejarlo donde está o buscar otras colocaciones alternativas.

a) Mantener la inversión ....
b) ....
c) ....
d) ....

En la versión neutral del problema, alternativa 1, las cuatro opciones aparecen como nuevas, mientras que la alternativa 2 hay una opción, mantener la inversión en la compañía A de riesgo moderado, que representa el *statu quo.* En el experimento se utilizaron 5 alternativas distintas: la alternativa 1 o neutral, y cuatro alternativas en las que cada una de las opciones a) a d) representaban el *statu quo.* Cada alternativa se presentó a un grupo diferente de personas, pero todos ellos estudiantes de finanzas o programas *master* de postgraduados.

Los resultados del experimento muestran que, para casi todos los supuestos, el mayor porcentaje de las respuestas escoge la opción que representa el *statu quo* en cada caso, independientemente de qué opción representa el *statu quo* en cada supuesto.

Este sesgo en favor del *statu quo* se puede manifestar en todos los campos de decisión: la ventaja del candidato a un puesto público cualquiera en unas elecciones cuando ya ocupaba el puesto con anterioridad; la inercia a mantenerse en el consumo de una determinada marca de bebida cuando en "tests ciegos" se es incapaz de distinguir el sabor de la marca elegida frente a otras alternativas; el itinerario más largo elegido para ir al trabajo y que se mantiene día tras día; etc. son todos ellos ejemplos de efecto *statu quo* frente a cualquier opción posible que pueda reemplazar a la elegida.

ERRORES DERIVADOS DE LA INTUICIÓN Y LA ASOCIACIÓN DE IDEAS

Kahneman y Tversky (1974), en un trabajo que constituye ya un clásico dentro de la literatura sobre los sesgos en la toma de decisiones, analizan tres categorías de errores a la hora de evaluar distintos cursos de acción en un escenario de incertidumbre: el problema de la representatividad, el problema de la evidencia disponible y el problema de anclaje.

El problema de la representatividad

Muchas de las decisiones que tiene que adoptar un *manager* tienen su base en situaciones en las que hay que identificar cuál es la causa de que un determinado problema o una determinada acción provoque un cierto resultado. Más formalmente, la situación podría representarse de la siguiente manera: ¿cuál es la probabilidad de que el suceso A sea consecuencia del proceso B? ¿Cuál es la probabilidad de que el proceso B genere el suceso A?

Ante este tipo de problemas, los gestores tienden a acudir a la idea de representatividad como mecanismo interno para la toma de decisiones. La medida en la que A es representativo de B o la medida en la que A se parece a B son los mecanismos que rigen la decisión adoptada en sustitución de una correcta evaluación de las probabilidades.

Pensemos en el siguiente ejemplo:

Una empresa que se dedica a la distribución de baterías de automóviles, después de analizar caso por caso las razones por las que un determinado porcentaje de las mismas llega en mal estado al punto de destino, ha obtenido la conclusión de que un 70% de las piezas dañadas son por causa de un transporte y de un manejo inadecuado en los puntos de destino. Un 30% de las piezas dañadas tienen su explicación en un defecto de embalaje. Si al aparecer una pieza dañada preguntamos a un grupo de *managers* qué probabilidad hay de que la batería se haya estropeado por un mal transporte y manejo, puede asegurarse con poco margen de equivocación que las respuestas serán el 70%.

Ahora bien, supongamos que se facilita una información del siguiente tipo: La casa central de BMW en Alemania nos comunica, mediante un documento interno de relación de material defectuoso para los *standars* de la casa, que una de las baterías recibidas en la factoría del norte esta dañada.

Si se pregunta a continuación por la probabilidad de la causa del defecto, previsiblemente habrá un número significativo de respuestas que atribuirán el daño en más de un 30% a un error de embalaje. El mensaje no pretende suministrar ninguna información que sea relevante para decidir sobre si el defecto es de un tipo o de otro, pero la descripción del lugar donde se produce la entrega, Alemania y la fábrica de automóviles BMW, lleva a algunos gestores a asociar erróneamente el defecto con un problema de embalaje y no de manipulación o transporte.

Las personas tienden a responder de manera diferente cuando no se da ninguna información adicional que cuando se da información irrelevante. Cuando no se da ninguna otra información, las probabilidades iniciales se utilizan de forma apropiada, pero cuando se aporta información insustancial se tiende a olvidar las probabilidades iniciales (Kahneman y Tversky 1974).

El problema de la evidencia disponible

El problema de la evidencia disponible se podría denominar también como el problema de la generalización del caso particular. Son múltiples las situaciones en las que los gestores que tienen que apreciar la frecuencia de algún acontecimiento acuden a la experiencia o la información que tienen más próxima. Así, preguntado por un número de robos que se estima pueden haber ocurrido en un período determinado, se acude a pensar a cuántas de las personas que conocemos les ha sucedido un episodio similar. O para evaluar la probabilidad de que alguien sufra un infarto entre los 35 y los 45 años, acudimos a la experiencia que tenemos con las personas con las que nos relacionamos que han tenido el infortunio de sufrir el ataque al corazón.

Este fenómeno de la evidencia disponible es fuente de numerosos errores al estimar probabilidades.

Otra forma en la que se manifiesta esta situación es a través de la sobreestimación de aquellos casos que nos son más familiares o más llamativos que otros. Como demostración de este efecto, se les leyó, a una serie de sujetos, una lista de personas famosas de uno y otro sexo y se les preguntó después si la lista tenía un mayor número de hombres o de mujeres. Se presentaron listas diferentes a distintos grupos de personas. En algunas de las listas, los hombres eran relativamente más famosos que las mujeres; en otras, las mujeres eran relativamente más famosas. Para cada lista, los sujetos sobreestimaron el número de personas del sexo que tenían un mayor número relativo de personas famosas (Kahneman y Tversky 1974).

El problema del anclaje

En muchas situaciones, las personas realizan estimaciones tomando como punto de partida un valor inicial y ajustándolo para obtener un resultado. Este valor inicial puede ser el resultado de algún cálculo, puede haber sido sugerido por alguien, puede desprenderse de algún aspecto del problema que se trata de resolver.

Estos ajustes que realiza el sujeto que debe decidir son generalmente insuficientes y están sesgados hacia el valor que se toma como referencia. Por esta misma razón, distintos puntos de referencia conducen a estimaciones diferentes. Este fenómeno recibe el nombre de anclaje (Kaneman y Tversky 1974) (Solvic, Fischoff y Lichtenstein 1982).

El siguiente experimento, realizado con dos grupos de Intendentes Regionales de Administraciones Tributarias Latinoamericanas[14], nos permitió contrastar el efecto del anclaje en la evalución de una determinada situación.

Queremos saber cuál es su percepción sobre el nivel de fraude en los impuestos. La Inspección de los Tributos, durante 1992, regularizó las situaciones tributarias de los contribuyentes inspeccionados por los conceptos tributarios de IVA, Impuesto sobre la Renta de las Personas Físicas, Impuestos de Sociedades y otros. En su opinión, la

[14] El experimento fue diseñado por el autor para ser realizado en un curso de Alta Gerencia con funcionarios recientemente reclutados para la Superintendencia Nacional de Administración Tributaria, SUNAT, en el Perú.

cuota defraudada descubierta por la Inspección respecto de la cuota declarada es:

a) Superior al ....
b) No llega al ....
c) En mi opinión, la cuota defraudada respecto de la declarada es del ......

Esta misma formulación se presentó a los dos grupos. En el primero, se solicitó a un alumno, en presencia de todos los demás, y antes de conocer en qué consistía el experimento, que dijera un nº del 1 al 100. El número escogido fue el 20.

La pregunta al primer grupo fue si "....la cuota declarada es: ...."

a) superior al 20%
b) no llega al 20%
c) en mi opinión, la cuota defraudada respecto de la declarada es del ......

La respuesta más baja fue el 15%, la más elevada, el 35% y la media fue 25%. El número de participantes fue de 24 personas.

Al segundo grupo se le preguntó directamente si "...... la cuota declarada es: .....".

a) superior al 75%
b) no llega al 75%
c) en mi opinión, la cuota defraudada respecto de la declarada es del ....

La respuesta más baja fue del 50%, la más elevada 80% y la media el 65%. El número de participantes fue de 27 personas. El dato real en 1992 es el 67,72%[15].

---

[15] Departamento de Inspección Financiera y Tributaria. Agencia Tributaria, Memoria de Actividades 1993, pág. 94.

El experimento es suficientemente expresivo del efecto de anclaje a la hora de decidir en un contexto de incertidumbre.

RESOLVER EL PROBLEMA EQUIVOCADO

Analicemos la siguiente situación (Bazerman y Neale 1992): Está usted en una tienda dispuesto a comprar un radio-despertador que vale 5.000 ptas. Antes de decidir si lo compra o no, se le acerca un amigo suyo y le comenta que a 800 metros de esta tienda, hay otra, con las mismas características de garantía y servicio, donde el mismo radio-despertador cuesta 3.500 ptas. ¿Iría usted a la otra tienda?

Suponga ahora otra situación similar:

Está usted en una tienda dispuesto a comprar un televisor que vale 90.000 ptas. Antes de decidir si lo compra o no, se le acerca un amigo suyo y le comenta que a 500 metros de esta tienda, hay otra, con las mismas características de garantía y servicio, donde el mismo televisor cuesta 88.500 ptas. ¿Iría usted a la otra tienda?

Presentada esta situación en diferentes escenarios, pero siempre con un colectivo de personas acostumbradas a tomar decisiones en el seno de las instituciones para las que trabajan, entre el 85 y el 95% de los encuestados respondieron que cambiarían de tienda en el primer caso. En el segundo caso, menos del 50% cambiarían de tienda.

Los argumentos dados para justificar este diferente comportamiento en uno u otro caso suelen ser semejantes: mientras que en la compra del despertador se consigue un ahorro del 30%, en la compra del televisor el ahorro no llega al 2%. O, lo que es lo mismo, 1.500 ptas., respecto de 5.000 ptas, es mucho dinero, pero comparado con las 90.000 ptas. que cuesta el televisor, apenas si merece la pena. Hay también respuestas basadas en argumentos relativos al mayor riesgo que supone comprar un televisor que no funcione bien respecto de un despertador barato; sin embargo, del texto de la pregunta no puede inferirse, sino todo lo contrario.

El planteamiento correcto de la decisión sería: 1.500 ptas. de ahorro. ¿Está usted dispuesto a recorrer 500 metros?

Un problema similar en el que la mayoría de las personas no son capaces de presentar correctamente los extremos de la decisión es el siguiente: (Thaler 1985) (Bazerman y Neale 1992).

Usted está en la playa pensando lo que disfrutaría bebiendo una cerveza fresca. Su amigo le dice que si quiere puede traerle una del único lugar cercano que hay: un elegante hotel de veraneo. Su amigo le pregunta que cuánto está dispuesto a gastarse en la cerveza. Si cuesta más no la comprará, pero si cuesta lo mismo o algo menos de lo que le dice, le traerá la cerveza. ¿Qué precio está dispuesto a pagar?

Una presentación alternativa del problema sería la siguiente: Usted está en la playa pensando lo que disfrutaría bebiendo una cerveza fresca. Su amigo le dice que si quiere puede traerle una del único lugar cercano que hay: un "chiringuito" en la playa. Su amigo le pregunta que cuánto está dispuesto a gastarse en la cerveza. Si cuesta más no la comprará, pero si cuesta lo mismo o algo menos de lo que le dice, le traerá la cerveza. ¿Que precio está dispuesto a pagar?

El experimento da como resultado un precio significativamente más elevado en la primera alternativa que en la segunda. El argumento utilizado: es lógico que la cerveza sea más cara en el hotel que en el "chiringuito". Pero ése no es el problema, sino ¿cuánto está dispuesto a pagar por tomar una cerveza cuando tenga calor y sed en la playa?

DECIDIR SOBRE LA BASE DE LAS PREFERENCIAS O SOBRE LA BASE DE LOS PRINCIPIOS

Prelec y Herrnstein (1991) destacan cómo frente a la construcción normativa del comportamiento racional de los sujetos a la hora de decidir mediante la evaluación del coste-beneficio de cada curso de acción, el comportamiento basado en reglas o principios se nos muestra como una fórmula alternativa, que no complementaria, de guiar nuestro proceso de toma de decisiones. El principio no complementa el análisis coste-beneficio sino que lo reemplaza (Etzioni 1988).

Para estos autores, una norma es una política de comportamiento que conduce a resultados satisfactorios a largo plazo, evitando que el sujeto que decide tenga que realizar para cada supuesto una evaluación de los costes y beneficios.

Prelec y Herrnstein identifican tres tipos de problemas, que denominan como sesgos asimétricos o falta de correspondencia en la comparación de los costes y los beneficios que se derivan de una acción concreta.

1. Asimetría temporal: los costes y los beneficios están separados por un intervalo sustancial de tiempo.
2. Asimetría de prominencia: un elemento del binomio coste-beneficio es evidente y fácil de representar mientras que el otro no lo es.
3. Asimetría de escala: un elemento del binomio coste-beneficio sólo se percibe como relevante en términos agregados, esto es, sólo si la misma acción se repite en el tiempo o a gran escala.

En estos tres casos, el análisis de costes y beneficios falla porque asigna unos pesos equivocados a uno, a otro o a los dos elementos del binomio.

Para estos autores, el descuento excesivo de las consecuencias futuras está ampliamente demostrado tanto por la observación puntual como por el trabajo empírico (Ainslic 1975). Respecto a la asimetría de prominencia, la importancia de la intensidad se ha contrastado en el ámbito de la estimación de probabilidades [Tversky y Kahneman (1981)], y es igualmente probable que un sesgo de naturaleza similar afecte a las estimaciones de utilidades y valores. Finalmente, la asimetría de escala se produce en situaciones en las que las variables significativas son un agregado de una multiplicidad de decisiones diferentes en el tiempo, cada una de las cuales, individualmente considerada, tiene escasa relevancia (consumo de cigarrillos, frecuencia en el ejercicio físico, relaciones sociales, etc.), pero que en la medida en que el sujeto decisor las ignore al decidir sus acciones, tenderán a producir resultados no queridos en el largo plazo.

Frente a estas distorsiones que se dan en un proceso de "decisión racional", la función de las reglas o principios es la de superar eficazmente el análisis comparativo de pros y contras.

Piénsese, por ejemplo, en el siguiente problema de asimetría de escala. Si comparamos, en un momento dado, las ventajas que reporta una pequeña mentira frente al momentáneo rubor que nos produce decirla, el resultado será, con bastante frecuencia, decir la pequeña mentira. Ello no obstante, reiterado en el tiempo, nos puede conducir a comportarnos como mentirosos aun cuando nuestro ideal de comportamiento fuese el ser honestos. Sería la aplicación de esta norma de comportamiento, y no el análisis caso a caso, el que llevaría a no decir nunca una mentira. O en el problema de asimetría temporal que entraña la comparación de fumar un cigarrillo frente a las implicaciones para la salud.

O, finalmente, en el problema de la asimetría de prominencia que entraña la compra con tarjetas de crédito de productos anunciados por TV. (No es tanto, en muchos casos, un problema de asimetría temporal, sino de hiperevaluación de beneficios frente a un coste que ya se repartirá).

De esta forma, el comportamiento basado en principios es un mecanismo que permite actuar según nuestros intereses en el largo plazo corrigiendo los tres tipos de sesgos del análisis coste-beneficio que antes se han enunciado.

CONCLUSIONES

El gestor estratégico debe comportarse racionalmente a la hora de tomar sus decisiones. Un comportamiento racional rendirá siempre mejores logros que un sistema de decisión arbitrario o basado en ideas o prejuicios equivocados. Pero el manager estratégico debe saber que la mayoría de las personas con las que está interrelacionado y con las que necesariamente debe contar para actuar, tienden a alejarse de manera sistemática de lo que sería un comportamiento racional esperado. Introducir estos sesgos e incoherencias a la hora de prever el comportamiento de los demás es un presupuesto básico para gestionar estratégicamente.

La aplicación de reglas o normas de conducta, actuación basada en principios, constituye, asimismo, un mecanismo útil de comportamiento para evitar las equivocaciones en la evaluación de las ventajas e inconvenientes de una determinada decisión.

REFERENCIAS BIBLIOGRÁFICAS

AKERLOF, G. A. Y DICKENS W. T. (1982): "The Economic Consequences of Cognitive Dissonance". *American Economic Review,* 72.

BAZERMAN, MAX. H. (1983): "Negotiator Judgment". *American Behavioral Scientist* 27.

BAZERMAN, MAX H. Y NEALE, MARGARET A. (1985): "The effects of framing and negotiator overconfidence on bargainer behavior". *Academy of Management Journal* 28.

BAZERMAN, MAX H. Y NEALE, M. A. (1991): "Negotiator Rationality and Negotiator Cognition: The interactive Roles of Prescriptive and Descriptive Research". *Peyton Young ed. University of Michigan. Press.*

BAZERMAN, MAX H. Y NEALE, MARGARET A. (1992): "Negotiating Rationally".

DRAZEN PRELEC Y R. J. HERRNSTEIN (1991): "Preference or Principles: Alternative Guidelines for Choice". In *Strategy and Choice.* Richard J. Zeckhauser ed. 1991. The Mit Press.

ELSTER, JOHN, (1986): "Introduction to Rational Choice readings". *Rational Choice.* Elster ed.

HARSANYI, JOHN C. (1986): "Advances in understanding rational behavior". *Rational Choice.* Elster. ed.

KAHNEMAN, D.; SLOVIC, P. Y TVERSKY A. EDS. (1982): "Judgment under Uncertainty: Heuristics and Biases". *Cambridge University Press.*

KAHNEMAN, D. Y TVERSKY, A. (1986): "Rational Choice and the Framing of Decisions". *Journal of Business* 59.

KAHNEMAN, D.; KNETCH, J. L. Y THALER, R. (1993): "Experimental tests of the endowment effect and Couse theorem". *Journal of Political Economy.*

RUSSO, J. E. Y SCHOEMAKER, P. J. (1989): "Decision Traps". New York, *Doubleday.*

SAMUELSON, W. Y ZECKHAUSER, R. (1987): "Statu Quo Bias In Individual Decision Making". *Working Paper.*

SIMON, H. A. (1982): "Models of Bounded Rationality". 2. vols. Cambridge Mass. MIT Press.

SIMON, HERBER, (1986): "Rationality in Psychology and Economics". *Rational Choice*. Elster, ed.

SLOVIC, P.; FISCHHOFF, B. Y LICHTENSTEIN, S., (1982): "Response mode, framing, and information processing effects in risk assessment". R. M. Mogarth ed. *New Directions for Methodology of Social and Behavioral Science*: "Question Framing and Response Consistency". San Francisco: Jossey-Bars.

THALER, R. H. (1980): "Towards a positive theory of Consumer choice". *Journal of Economic Behavior and Organization.*

THALER, R. (1985): "Using Mental accounting in a theory of purchasing behavior". *Marketing Science* 4.

ZECKHAUSER, RICHARD, (1986): Comments: "Behavioral versus Rational Economics: What you see is what you conquer". *Rational Choice*. Elster ed.

ZECKHAUSER, RICHARD Y NICHOLS, A, (1986): "The perils of prudence: How Upper-bounded Assessments Distort Policies Toward Risk". *Revised paper of an erlier version appeared in Advances in Applied Microeconomics,* Kerry Smith ed.

Capítulo Cuarto

Modelos de comportamiento estratégico

Hay una tendencia generalizada, al analizar un fenómeno concreto para extraer conclusiones que puedan iluminar nuestras decisiones o nuestra conducta futura, a observar el problema en su globalidad, buscando elementos característicos que lo definen, o propiedades que pueden abstraerse y proyectarse hacia el futuro. Sin embargo, pocas veces dirigimos nuestra atención a desentrañar el proceso de formación que ha motivado el caso o el problema que estamos observando.

Esta visión global y esencialmente estática de la situación no sólo nos hace perder detalles que hubieran enriquecido nuestro conocimiento, sino que nos puede llevar a enjuiciar y decidir erróneamente sobre la situación analizada. A quién no le ha sucedido que, atrapado en un atasco de tráfico inexplicable, llega a la conclusión de que sólo un gravísimo accidente que ha ocurrido hace muy poco tiempo y a muy escasa distancia de donde está puede haber motivado tan exasperante situación. Transcurrido el tiempo necesario para recorrer esos kilómetros, se ve con asombro como el accidente no ha ocurrido a nuestro lado de la autopista, sino en la dirección contraria. Los coches que circulan en nuestra dirección, al pasar ante la desagradable escena del accidente de tráfico del otro lado, reducen significativamente la velocidad. La transmisión acumulativa de este efecto acaba produciendo la inexplicable retención en el lado de la autopista por el que circulamos una serie de kilómetros más atrás.

Hay muchas situaciones con las que nos encontramos que no son sino el resultado o la suma de una multiplicidad de decisiones individuales, de conductas particulares que se siguen como reacción a las conductas de otros individuos y que como resultante nos ofrecen una determinada panorámica de un fenómeno que sólo puede ser entendida acudiendo al análisis de su proceso de formación.

Esta manera peculiar de mirar los fenómenos sociales, políticos o económicos y la elaboración de modelos formales que nos permiten estudiar y analizar estas situaciones se debe en gran medida a los trabajos de Thomas C. Schelling, al que puede considerarse sin exageración como el precursor de toda una escuela de pensamiento preocupada por aplicar las ideas del pensamiento estratégico y de la Teoría de juegos al análisis de fenómenos cotidianos, relacionados con la vida personal y social de los individuos, con el mundo de las decisiones políticas o económicas.

Esta forma de aproximarse al estudio y resolución de los problemas se separa radicalmente de las restantes aproximaciones "estratégicas" que se han ido construyendo en el mundo del *management,* tanto privado como público. Gestionar estratégicamente no es elaborar el plan estratégico de la empresa; es entender cómo interactúan los diferentes elementos que definen un problema a nivel microeconómico para poder gestionar y decidir a nivel macroeconómico.

En este capítulo se van a examinar los principales modelos de comportamiento estratégico elaborados por Schelling y que constituyen un instrumento básico de análisis del *manager* estratégico.

ANÁLISIS ESTRATÉGICO

Los individuos y las instituciones están realizando de continuo elecciones de tipo estratégico. Comportarse estratégicamente requiere que anticipemos las respuestas de otras personas o instituciones. El primer paso para adoptar decisiones estratégicas requiere:

a) Identificar a las demás personas o entidades interrelacionadas con nosotros.
b) Identificar sus opciones.
c) Identificar los resultados posibles y los valores positivos o negativos que se desprenden de las distintas opciones disponibles.

Todos los conceptos que son relevantes para decidir estratégicamente se pueden articular en torno a tres ideas básicas: incentivos, información y valoración, tal como se describen en el "triángulo de oro" de la elección estratégica (Zeckhauser 1991). Cualquier situación que se alcance fruto de una opción estratégica será el resultado de la interacción de los tres elementos: unos incentivos, una información razonable y una ordenación de valores.

Conviene subrayar que el análisis estratégico estudia situaciones, no personalidades. Son situaciones que incorporan a dos o más personas, cada uno tratando de adivinar, de influenciar o de adaptarse a las decisiones y acciones que los demás han adoptado o se espera que adopten. En la medida en que el análisis estratégico estudia situaciones, analiza la estructura de los incentivos, la información, la comunicación, las opciones disponibles y las tácticas que pueden emplearse (Schelling 1984). Es frecuente también que el análisis estratégico comprenda un número reducido de elementos que interactúen. Si el número de individuos que intervienen es enormemente alto, la capacidad de un sujeto concreto de influir en los demás es tan débil que el entorno le viene dado y nos aleja, por tanto, del análisis estratégico.

Hay una última cuestión que debe mencionarse al tratar del análisis estratégico, a saber, la asunción de que los individuos se comportarán racionalmente. El problema del comportamiento racional y sus desviaciones se estudia extensamente en otro capítulo de este libro. Baste decir aquí que no se trata de presuponer en el análisis que sólo los superdotados pueden ser objeto de estudio en el campo del comportamiento estratégico. Se trata de asumir que, cuando menos, somos capaces de introducir en nuestros análisis la forma en la que se puede comportar la otra o las demás personas, y ello requiere una cierta coherencia y sistemática en su conducta.

MODELOS CÍCLICOS O CON RETARDOS EN EL TIEMPO

El funcionamiento del termostato ha sido utilizado para describir un sistema que constituye un modelo de procesos cíclicos o con retardos en el tiempo (Schelling 1978). El funcionamiento es como sigue: una caldera calienta el agua de los radiadores. El calentamiento del agua lleva su tiempo. El agua caliente circula por los radiadores que, a su vez, van calentando el aire de las habitaciones de la casa. Cuando la temperatura ha alcanzado un determinado nivel fijado en el termostato, éste corta el encendido de la caldera. La casa se enfría y la temperatura desciende y al llegar al punto señalado el mecanismo del termostato enciende nuevamente la caldera. En otros sistemas, como sucede hoy día en muchas oficinas, no hay calentamiento de agua sino que se calienta el aire con aparatos eléctricos y se difunde directamente en el espacio que se quiere calentar.

El sistema trabaja, pues, cíclicamente. La temperatura sube por la mañana al nivel deseado que se fija en el termostato y, de ordinario, supera el límite marcado. Después, la temperatura cae de nuevo hasta llegar a la marca y normalmente desciende por debajo de ella. Se eleva una vez más y supera la marca, y así sucesivamente.

Puede ocurrir que al estar la temperatura en el punto máximo se note un calor excesivo y se baje el nivel del termostato. Con ello se produce un doble resultado: la temperatura bajará más allá del nivel deseado y, cuando vuelva a ajustarse a la marca original, tenderá a subir todavía más, al haberse ampliado artificialmente la diferencia de temperaturas.

Schelling (1978) nos describe un fenómeno muy diferente pero que participa de las mismas propiedades que el anterior. Se trata de un programa de vacunación contra el sarampión en niños de un país pobre. De entrada, el programa tuvo éxito; la enfermedad había sido grave y las madres llevaban a sus hijos hasta un lejano centro de vacunación para prevenir la enfermedad. Poco después, la mayoría de los niños estaban vacunados y los que quedaban por vacunar eran demasiado pocos para generar una epidemia. Durante más de un año no hubo sarampión. Para entonces, había una nueva población de niños no vacunados, lo bastante importante como para constituir una nueva epidemia. La epidemia mató a algunos niños, inmunizó a otros y asustó a las madres, que nuevamente acudieron al lejano centro de vacunación para prevenir la enfermedad. Pasó un año más antes de que la enfermedad pasara al olvido y las madres dejaran de acudir a la vacunación, y otro más antes de que la nueva población no vacunada invitara a la próxima epidemia.

En el ciclo del sarampión los movimientos hacia arriba y hacia abajo se generan de manera distinta. La tendencia al descenso depende del tiempo de respuesta de las madres a las consecuencias de la epidemia; el ascenso se genera mediante el tiempo de respuesta epidemiológica del sarampión a una población nueva.

Un modelo de retardo en el tiempo con un resultado explosivo es el que muestra el "juego de la cerveza" (Senge 1990) desarrollado en el MIT en la Sloan School of Management a principios de los sesenta.

El modelo representa un fenómeno de crecimiento exponencial de stocks a causa de un incremento en la demanda de un producto: una determinada marca de cerveza.

El retraso en la reposición de stocks del minorista cuando solicita más producto al mayorista y el retraso en la respuesta de la fábrica ante unos mayores pedidos del mayorista dan lugar a una indeseada acumulación de stocks en las tres fases del proceso, motivadas, tan sólo, por un pequeño salto en la demanda de consumo del producto. El proceso transcurre de la siguiente manera:

El minorista de una tienda de bebidas, cada semana, cursa al repartidor de cerveza un nuevo pedido. Cada pedido tarda, aproximadamente, cuatro semanas en ser atendido. Ante un crecimiento en la demanda semanal del producto decide incrementar el pedido. Pero el pedido nuevo tardará cuatro semanas en llegar. Al ver, semana tras semana, que la cantidad de producto deseado no llega, aumenta semana tras semana, el pedido del producto.

El mayorista, a la vista de los nuevos pedidos que le llegan cada semana, incrementa sus pedidos a la fábrica. Pero la fábrica sirve también al mayorista con un retraso de cuatro semanas. El mayorista, nervioso al ver que el pedido de mayor volumen no llega, incrementa cada semana la cantidad demandada. La fábrica aumenta la escala de su producción ante la presión del mayorista.

El final de la historia es que cuando el mayorista está ya atendiendo los nuevos y crecientes pedidos de cerveza, el almacén del minorista se llena y no puede dar salida a la mercancía. El mayorista experimenta el mismo proceso cuando la fábrica comienza a mandarle las mayores cantidades que, semana tras semana, ha ido pidiendo. El mayorista tampoco puede dar salida al stock y corta los pedidos. La fábrica, en fin, no puede dar salida a los excesos de producción derivados de la presión que tuvo en los pedidos.

Las estructuras del tipo "juego de la cerveza" crean crisis similares en otros muchos sistemas de producción y distribución. Los ciclos de ascenso y descenso son también recurrentes en diversas empresas de servicios (Senge 1990).

El sistema de las oposiciones para ingresar en los Cuerpos Tradicionales de funcionarios responde al mismo esquema: se deciden convocar muchas plazas de Inspectores de Finanzas del Estado para reforzar los servicios de inspección. Ante esa señal, los jóvenes recién graduados de la universidad responden a la oferta, pero el tiempo medio de preparación de los exámenes es de 2 años. Por ello, en la primera convocatoria apenas si acuden estudiantes preparados. Se piensa entonces que hay poco interés en las oposiciones, que son muy difíciles ...

El siguiente año vuelve a suceder lo mismo. Ante unas tasas de aprobados tan bajas, se decide reducir el número de plazas convocadas. Pero ese año es cuando los estudiantes están, en promedio, preparados, y algunos que podrían haber entrado, no tienen plaza.

Existe, pues, un sinnúmero de fenómenos de tipo social, político o económico, que siguen unas pautas de comportamiento similares. La familia de modelos de comportamiento cíclico o con retardo es una de ellas; y su comprensión desde el conocimiento de la dinámica que conduce a un determinado sistema hasta la visión global del fenómeno es básica para que el *manager*, cualquiera que sea el ámbito en el que desarrolle su actuación, sea capaz de adoptar decisiones eficaces.

MODELOS DE MASA CRÍTICA

Hay una serie de patrones de comportamiento, susceptibles también de ser modelizados, que se han venido en llamar conductas de masa crítica (Schelling 1978). La característica esencial de estos modelos reside en que hay un determinado número de personas, o una determinada proporción o un determinado valor de una variable, en términos generales, que marca la diferencia entre unas evoluciones u otras en el patrón de conducta del fenómeno de que se trate.

Si en el consabido atasco de regreso a la ciudad un domingo por la tarde hay un número suficiente de "infractores" que escogen el arcén para conducir más rápido, los demás conductores les seguirán; pero sólo si el volumen de conductores que lo hacen nos parece que nos garantizan la impunidad.

Se aparca en el carril bus sólo si hay muchos coches aparcados en él. Igual sucede con el aparcamiento en doble fila.

Si la calle está suficientemente llena de papeles, tiro descuidadamente papeles al suelo. Si hacerlo es demasiado estridente, porque la calle está limpia, busco una papelera.

Como puede apreciarse, hay un sinnúmero de ejemplos de comportamientos que, por una parte, son estratégicos ya que dependen del comportamiento de los demás; pero, además, su fuerza explicativa radica en cuántos de los demás siguen determinada conducta.

Esta forma de observar determinados procesos sociales o económicos puede proporcionarnos un entendimiento más profundo de su evolución y permitir una intervención correctora o aceleradora que una visión global y estática del problema nunca nos proporcionaría.

La implantación del sistema de estimación de bases imponibles por signos, índices o módulos para los pequeños empresarios nos puede servir para describir, en primer término, la forma en la que puede elaborarse y representarse un modelo, y, en segundo término, para comprender el tipo de decisiones que pueden adoptarse a partir de su análisis.

El régimen de signos, índices o módulos, que se aplicó por primera vez en el ejercicio 1992, no pretendía otra cosa que simplificar la tributación de un importante sector de la actividad económica en España: el de los pequeños empresarios, que se sitúan en un número próximo al millón de personas. El nuevo sistema supone la tributación, tanto por el Impuesto sobre la Renta de las Personas Físicas, como por el Impuesto sobre el Valor Añadido, conforme a una serie de índices que son representativos del sector de actividad de que se trate: el número de personas empleadas, la superficie del establecimiento, los consumos de energía, etc. Este sistema, como promedio, supondría también una elevación de los impuestos que venían satisfaciendo los sectores afectados. En contrapartida, los contribuyentes que optaron por este nuevo régimen, que se diseñaba como optativo y voluntario, no quedaban obligados a llevar todo el conjunto de libros contables que se exigen a los restantes empresarios. Además, las comprobaciones posteriores de la inspección deberían ceñirse a si los índices prefijados para estimar los rendimientos eran ciertos o no. Es decir, que si el rendimiento se estimaba, por ejemplo, sobre la base de dos personas empleadas, efectivamente eran dos, y no más, los que trabajaban como asalariados en el negocio.

Como puede imaginarse, para que la implantación del nuevo régimen se llevara a término con éxito, era vital que el número de personas que optaran por él fuese suficientemente grande. De no ser así, todos los recursos humanos que el Tesoro Público pretendía liberar de estos sectores para ser reasignados a otras tareas tendrían que seguir invertidos en esa actividad. Por otro lado, para los contribuyentes, había un incentivo a estar en el sistema si muchos estaban en él. El que no optara, estaría sometido a un mayor control de sus actividades. Pero sólo si eran pocos los que quedaban fuera del sistema. Porque si eran muchos, seguirían tributando por una cantidad inferior a la que resultaría del nuevo sistema, pero no sería fácil ejercer un control riguroso sobre sus actividades.

Tanto para la Administración Tributaria como para los pequeños empresarios, la proporción de los que entran y no entran en el sistema es la variable crítica.

Para conocer cuál es el comportamiento que cabe esperar de los pequeños empresarios y para poder influir sobre el proceso se puede diseñar un cuestionario que básicamente indague sobre su intención con respecto al nuevo régimen en unos términos similares a los siguientes[16]:

– ¿Qué le parece el nuevo sistema de estimación por módulos?

bien	regular	mal
☐	☐	☐

– ¿Está dispuesto a optar por el mismo con independencia de lo que hagan los demás empresarios de su sector?

si	no
☐	☐

– Estoy dispuesto a optar por el mismo siempre que lo hagan un ... por ciento de los demás empresarios del sector ☐

– No estoy dispuesto a optar en ningún caso ☐

[16] Esta encuesta es totalmente simulada y sólo tiene una finalidad didáctica para explicar el funcionamiento del modelo.

Supongamos la siguiente tabulación de las respuestas:

Tabla I

Clases	*Rango*	*Frecuencia*	*Frecuencia Relativa*	*Frecuencia Relativa Acumulada*
1	≥ 10%	40	40/600 = 6,7	6,7
2	≥ 20%	50	50/600 = 8,3	15,0
3	≥ 30%	20	20/600 = 3,3	18,3
4	≥ 40%	80	80/600 = 13,3	31,6
5	≥ 50%	100	100/600 = 16,7	48,3
6	≥ 60%	100	100/600 = 16,7	58,3
7	≥ 70%	60	60/600 = 10,0	75,0
8	≥ 80%	50	50/600 = 8,3	83,3
9	≥ 90%	30	30/600 = 5,0	88,3
10	= 100%	20	20/600 = 3,3	91,6
11	En ningún caso	50	50/600 = 8,3	100,0
		N = 600		

La tabla 1 recoge el resultado de la encuesta en 11 grupos, cada uno de los cuales comprende el rango que se expresa en la correspondiente columna. Las columnas de frecuencias absolutas y relativas contienen el número de personas que se incluyen en cada rango y la fracción que representan respecto del total de encuestados. Así, la clase 1 agrupa a las 40 personas para las que es necesario que al menos un 10% de los contribuyentes opten por el régimen. Estas 40 personas representan un 6,7% del total. El grupo 2 comprende a las 50 personas para las que es necesario que al menos un 20% manifiesten su opción. Finalmente, la clase 11 agrupa a las 50 personas que han respondido que en ningún caso optarían por el nuevo sistema.

El gráfico 1 representa el histograma de las frecuencias relativas. El gráfico 2 refleja la distribución acumulada de frecuencias. Este gráfico nos permite ver para cualquier porcentaje de personas que optan (eje de ordenada) qué porcentaje de personas es el requerido para que ejerciten la opción (eje de abcisas)[17]. Así, puede observarse que para un 15% de los contribuyentes es necesario que al menos un 20% ejerzan la opción para que entren en el sistema, o que hay un poco más del 58% (58,3) para los que es necesario que al menos un 60% consideren el nuevo régimen más favorable.

Aproximadamente en el 63% la distribución alcanza un punto de inflexión. En este punto coinciden el número de personas que están dispuestas a entrar con el número de personas requerido para entrar. A partir de este punto y, hasta el 85%, el porcentaje de personas que optan es superior al porcentaje de personas requerido para entrar.

Puede observarse también que hay un 8,4% de los contribuyentes a los que, en ningún caso les interesa el nuevo régimen de estimación por módulos. Aunque hubiese un 100% de opciones, ellos no optarían nunca.

Gráfico 1
HISTOGRAMA DE FRECUENCIA RELATIVA

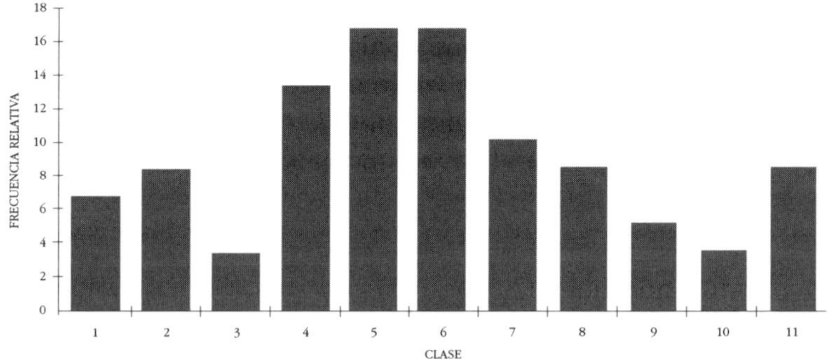

[17] El gráfico de la distribución acumulada de frecuencias se ha representado como una línea continua, aun cuando el resultado de la encuesta lo que nos ofrece es una distribución discreta o de puntos concretos.

Gráfico 2
DISTRIBUCIÓN ACUMULADA DE FRECUENCIA

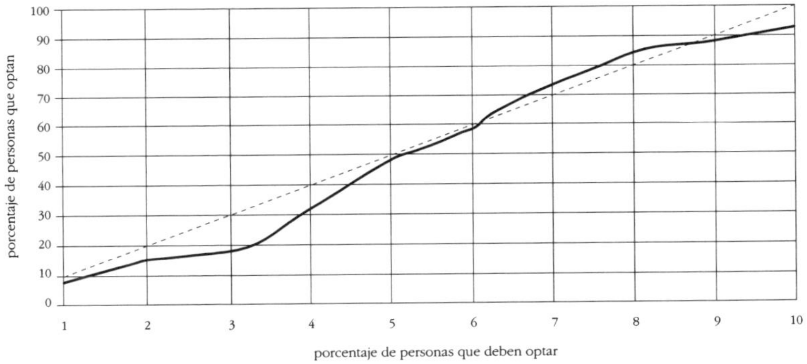

En el extremo opuesto de la distribución puede observarse que no hay ninguna persona que esté dispuesta a optar en todo caso, aunque no hubiera nadie que optara.

La línea recta que se dibuja en el gráfico 2 nos sirve de referencia y refleja el porcentaje de personas para las que se requiere el mismo porcentaje para optar por el sistema. Cuando la línea de la distribución, la línea en curva, discurre por debajo de la línea recta, nos informa que el número crítico de personas que se considera necesario para que el sistema resulte atractivo es siempre mayor que el número de personas dispuestas a entrar. Dicho de otra forma, en nuestro ejemplo, no hay un 30% de personas para las que un 30% de opciones sea suficiente.Sin embargo, a partir del primer punto de corte de ambas líneas, se invierte el proceso; hay más de un 70% para las que un 70% es suficiente para entrar.

Supongamos que el Ministerio de Hacienda anuncia que el número esperado de opciones para el primer año es del 60%. Dado que no hay un 60% de contribuyentes para los que un 60% de opciones sea suficiente, habrá un número menor del 60% que opte, pero ese número menor tampoco será suficiente para incentivar, al menos, a un mismo número de contribuyentes. De esta forma, antes o después, todos abandonarán el sistema.

Sin embargo, si el Ministerio anuncia que el número esperado de opciones para el primer año es del 75%, habrá más del 75% que estarán dispuestos a incorporarse. Las opciones se irán produciendo, quizá hasta un 90%. Pero si se alcanza este porcentaje, éste no será suficiente para mantener dentro del sistema a todos y cabría esperar renuncias de un 5% de contribuyentes.

El sistema, tal y como ha sido representado, tiene tres puntos de equilibrio. De ellos, dos son estables y uno es inestable. El punto de equilibrio inestable se encuentra en el 63%. Cualquier desviación hacia la derecha de este punto, nos llevará hacia uno de los dos puntos de equilibrio estable, aquél en el que se cortan ambas líneas en donde un 85% se apuntará si se espera un 85% de opciones. Cualquier desplazamiento hacia la izquierda no se detendrá hasta que todos se den de baja del nuevo régimen, que es el segundo equilibrio estable del modelo.

Las acciones que pueden desarrollarse, a la vista del modelo, para actuar sobre la respuesta de los contribuyentes son de dos tipos: aquellas que, dado un determinado patrón de comportamiento, mandan una señal de que el número de opciones está dentro de un tramo deseable de la distribución, por ejemplo, entre el 63% y el 85%, o aquellas que van dirigidas a alterar el patrón de comportamiento.

El patrón de comportamiento puede modificarse variando las condiciones objetivas del sistema: estimación de rendimientos, obligaciones formales, período de vinculación del régimen cuando se ejercita la opción, etc.

El gráfico 3 representa una nueva distribución acumulada de frecuencia que, a diferencia de la examinada en el gráfico 2, discurre por encima de la línea de puntos hasta aproximadamente el 82%. Ello significa que, hasta ese punto, siempre hay más personas que optan que las que requieren este mismo número de personas para optar. Por tanto, la afiliación al sistema está garantizada desde el principio, y hasta el nivel del 82%.

Gráfico 3
DISTRIBUCIÓN ACUMULADA DE FRECUENCIA

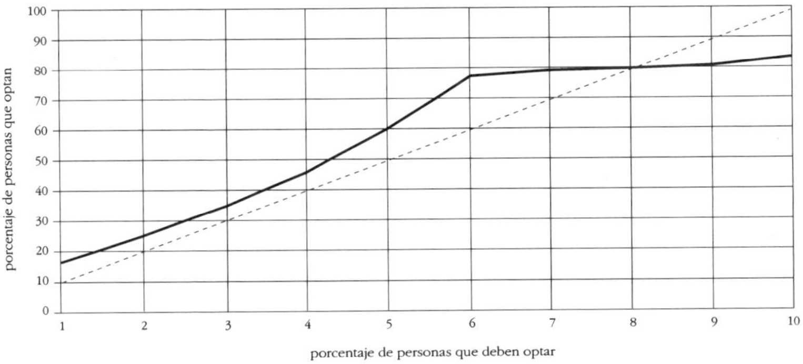

Hay un sinfín de procesos que pueden representarse con modelos de masa crítica. Además, este modelo permite un tipo de análisis que es de gran relevancia para la toma de decisiones. Sin salir del ámbito de la política fiscal, la regularización tributaria que tuvo lugar en 1992, mediante la conversión de Pagarés del Tesoro en Títulos de Deuda Pública Especial, es otro proceso en el que el análisis de masa crítica es una herramienta de gran utilidad para gestionar su evolución y desarrollo. Pero desde la afluencia de público a un seminario o la afiliación al Club local hasta el éxito de las convocatorias de jornadas de huelga, constituyen fenómenos en los que el número y/o la proporción de los que actúan de un determinado modo son la variable fundamental para entender el proceso.

MODELOS DE SELECCIÓN Y MEZCLA

Otro tipo de modelos de comportamiento estratégico son aquéllos en los que las conductas discriminatorias de cada individuo pueden conducir a situaciones colectivas de segregación. Son los modelos de selección y mezcla de Schelling (1978). Estamos nuevamente ante un tipo de análisis que nos dirige la atención hacia el mundo micro de las decisiones de los individuos como fórmula para entender por qué se producen determinados resultados de tipo social, político y económico, según el ámbito de análisis.

No siempre es fácil establecer la lınea de división entre las situaciones que son el resultado de procesos individuales de discriminación y/o asociación y aquéllas otras que son la consecuencia de normas o medidas organizativas. Como tampoco es sencillo aislar los motivos que impulsan las conductas tendentes a producir situaciones de asociación o discriminación. Sin embargo, una introspección en este tipo de modelos resulta enormemente valiosa para la gestión de políticas públicas o para la toma de decisiones de organización en la esfera privada.

Las personas se mezclan y se separan por el idioma, el sexo, el color de su piel, su nivel de ingresos, sus gastos, sus costumbres, su profesión, su edad, etc. En algunos casos, el resultado que se persigue con esta asociación/separación es explícito y querido: estar entre personas que hablan un mismo idioma o personas de la misma edad o procedencia conduce a formar un grupo deseado de individuos. Ahora bien, hay otros muchos procesos en los que los resultados agregados que producen las decisiones individuales no son ni buscados ni conocidos. Así, si cada familia decide aumentar su tasa de ahorro o inversamente de consumo, o salir con más frecuencia los fines de semana al campo o usar más el coche que el transporte público, provocará resultados macroeconómicos de ordenación urbana que no se pretenden a nivel individual.

Éste es el caso del modelo de tolerancia racial descrito por Schelling (1978), en el que la proporción de personas de raza negra respecto de personas de raza blanca que respectivamente se toleran para mantenerse, entrar o salir de una determinada vecindad, dan lugar a barriadas ocupadas íntegramente por blancos o por negros.

Las causas que determinan la evolución de la población en determinados lugares de veraneo, en urbanizaciones residenciales o en el centro de las ciudades no es muy diferente. Recreando el modelo de Schelling, supongamos que en un determinado lugar de veraneo en la costa conviven veraneantes con dos tipos de preferencias: los que buscan diversión y los que buscan descanso. Además, estas preferencias por la diversión o por el descanso conducen a hábitos de comportamiento en unos y otros que pueden resultar más o menos difíciles o incluso imposibles de tolerar por los otros y los unos respectivamente. Vamos a realizar el análisis para un número reducido de personas, aunque los resultados se pueden extender a toda la población si se respeta la proporción.

Supongamos que el total de personas que desean descansar es de 100. El veraneante promedio de los que buscan descanso estaría dispuesto a admitir a un veraneante que busca diversión por cada veraneante que pretende descansar. Es decir, su nivel de tolerancia es de 1:1. Los más tolerantes están dispuestos a admitir una proporción de 2:1 y los menos tolerantes no están dispuestos a admitir a nadie que busque divertirse.

Recíprocamente, los veraneantes que desean diversión tienen un nivel de tolerancia igual al de sus vecinos, pero representan, en número total, la mitad del otro grupo. En nuestro ejemplo, 50.

Gráficamente, los diagramas de tolerancia de unos y otros se podrían presentar de la siguiente forma:

Gráfico 4
DISTRIBUCIÓN ACUMULADA DE TOLERANCIA
DE LOS VERANEANTES QUE BUSCAN DESCANSO

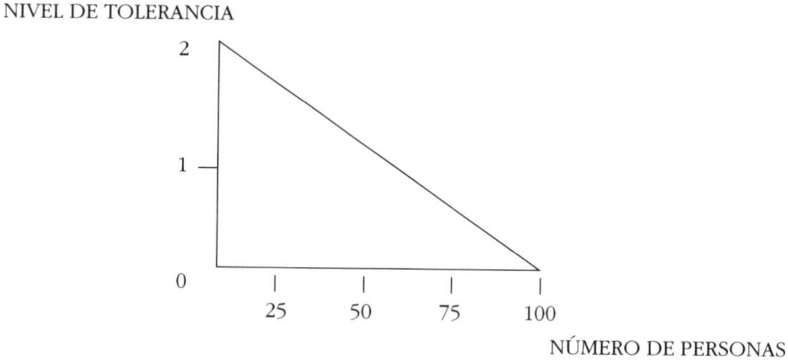

Gráfico 5
DISTRIBUCIÓN ACUMULADA DE TOLERANCIA
DE LOS VERANEANTES QUE BUSCAN DIVERSIÓN

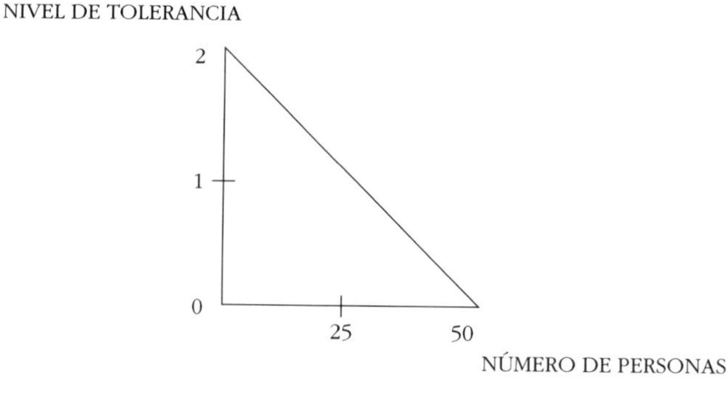

Si centramos la atención en el gráfico 4, puede observarse que hay, por ejemplo, 50 que buscan descanso para los que es admisible que existan 50 que busquen diversión. Hay 25 que quieren descanso que admitirían una proporción de 1,5:1, y por tanto, estarían dispuestos a aceptar 37,5

veraneantes del otro tipo. Hay 75 que admitirían 0,5:1 y por tanto, también aceptarían 37,5 de los que quieren diversión.

Si representamos, a continuación, en un mismo gráfico, a una y otra clase de veraneantes y sus niveles de tolerancia respectivos, nos encontraríamos con un diagrama del siguiente tipo:

Gráfico 6

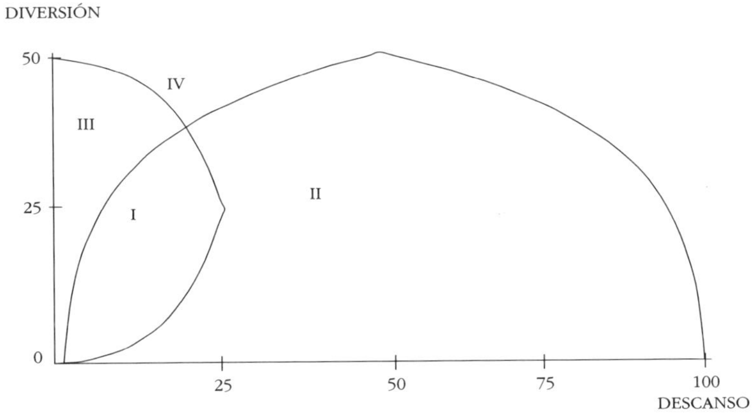

Se han identificado en el diagrama cuatro regiones diferentes. La región I, definida por la intersección de las dos parábolas de tolerancia de los que quieren descanso y los que quieren diversión, comprende a todos aquellos veraneantes con una y otra preferencia pero que se toleran respectivamente y pueden convivir en el mismo lugar. La región II, a la derecha de la región I, contiene mezclas de veraneantes que son admisibles para los que quieren descanso, pero no lo son para quienes buscan diversión. La región III representa las posibles mezclas de veraneantes en las que los que prefieren diversión están a su gusto pero no así los que buscan descanso. Finalmente, la región IV refleja combinaciones de veraneantes que no son toleradas por ninguno de los grupos.

¿Cuál es el proceso que cabe esperar a partir de los niveles de tolerancia dados? Si la situación de partida es tal que estamos en la región I, irán llegando menos veraneantes de uno y otro tipo cada temporada. Si estamos en la región II, los veraneantes que buscan descanso se mantendrán en el lugar e irán llegando otros atraídos por la perspectiva del descanso. Los que buscan diversión acabarán por irse a otros sitios. En la región III el proceso es inverso. Nuestro lugar de veraneo atraerá a un número creciente de personas que buscan diversión y los que pretenden descansar se irán marchando a otros lugares. En la región IV, tanto unos como otros irán marchándose. Según cuál sea el ritmo relativo de salidas, llegaremos a la región I, II o III. Pero en la región I, al igual que en la región IV pero con signo contrario, el ritmo de entradas nos llevará a la región II o a la región III. Ya en la región II o en la región III, los puntos de equilibrio estables estarán en un lugar de veraneo divertido con todos los veraneantes buscando diversión o en un lugar de veraneo tranquilo, con todos los veraneantes buscando descansar.

¿Son éstas las únicas posibilidades? Lo son, de acuerdo con las poblaciones y los niveles de tolerancia que hemos supuesto. Pueden imaginarse niveles y poblaciones distintas que converjan a posiciones de equilibrio estable que supongan una determinada proporción de unos y otros.

El gráfico 7 muestra, por ejemplo, unos niveles de tolerancia para dos poblaciones de 100 personas que, junto a los dos equilibrios estables de 100 personas que quieren sólo divertirse o 100 personas que quieren sólo descansar, un punto de convivencia en 80 personas de uno y otro hábito que constituye un punto de equilibrio estable.

Gráfico 7
HISTOGRAMA DE FRECUENCIA RELATIVA

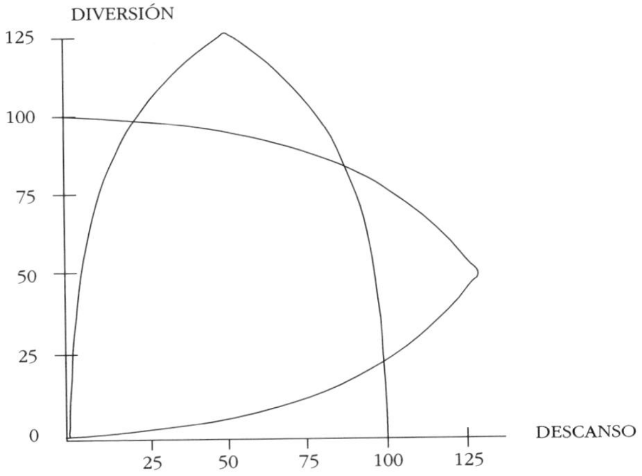

CONCLUSIONES

Los diversos modelos que se han examinado en este capítulo nos ofrecen una perspectiva diferente para analizar las consecuencias sistemáticas a las que conducen los comportamientos individuales que, en muchos casos, no son transparentes y no pueden incluirse. Por ello, los análisis que partan exclusivamente del resultado agregado difícilmente pueden ser acertados. Sólo un análisis dinámico del proceso a través del comportamiento estratégico de cada uno de los individuos que lo integran nos arrojará luz suficiente para la adopción de medidas de corrección o de orientación.

La característica estructural básica de los modelos descritos por Schelling (1978) reside en la existencia de una cierta población estadística con la que cada individuo se relaciona de dos maneras distintas. Por un lado, la persona manifiesta una preferencia en relación con la estadística. Por otro, la persona contribuye también a la estadística.

REFERENCIAS BIBLIOGRÁFICAS

SCHELLING, T. (1978): *Micromotives and Macrobehavior.* W. W. Norton.

SCHELLING, T. (1984): "Strategic Analysis and Social Problems". *Choice and Consequence.* Harvard University Press.

SENGE, PETER M. (1990): *The Fifth Discipline.* Doubleday.

ZECKHAUSER, R. (1991): "The Strategy of Choice". *Strategy and Choice.* R. Zeckhauser ed. M.I.T. Press.

CAPÍTULO QINTO

Competir estratégicamente

Uno de los procedimientos más intensamente utilizados, tanto para vender un mueble antiguo como para adjudicar una obra pública[18], para llevar a cabo la fusión por absorción de empresas o la consecución de los derechos de explotación de un yacimiento o un negocio, es la subasta del bien o del derecho. Lo característico de las subastas es que frente a un vendedor, adjudicador, concesionista, etc., concurren varios compradores, posibles adjudicatarios, concesionarios, etc.

La subasta no sólo plantea un problema de decisión racional ante una situación de incertidumbre derivada del valor del bien o derecho que se subasta, sino una situación estratégica en la que el comportamiento de los demás agentes que intervienen en la misma afecta decisivamente a nuestro propio comportamiento.

La generalidad con que se utiliza el mecanismo de la subasta, de una manera más o menos formalizada y estructurada, y las reflexiones a que nos invita una mirada introspectiva en estos procedimientos hace de indudable interés para un gestor estratégico su estudio y análisis.

---

[18] Aquí, la finalidad de quien subasta es, básicamente, minimizar costes y no maximizar beneficios.

La subasta es un mecanismo que permite a un vendedor que tiene menos información que los potenciales compradores no ser explotado por ello. Una subasta de arte es un buen ejemplo. El vendedor desconoce hasta qué punto valora y está dispuesto a pagar por una obra el comprador potencial (Rasmusen 1989). Una subasta puede permitir al vendedor extraer el mayor valor que un comprador atribuye al objeto respecto de los demás.

No todos los tipos de subastas conducen a un mismo resultado. La forma en la que ésta se estructura afecta al comportamiento de los concurrentes y al precio finalmente fijado. También es posible que, ante una determinada subasta, quienes concurren a la misma lleguen a acuerdos colusorios con el fin de explotar el procedimiento y obtener ventaja. Todas estas cuestiones y algunas otras serán objeto de discusión en este capítulo.

TIPOS DE SUBASTA

Antes de pasar a describir los diferentes tipos de subasta que son utilizados con mayor frecuencia es importante distinguir las dos situaciones que pueden darse en las mismas. Puede suceder que el objeto que se subasta tenga un valor distinto para cada una de las personas que intervienen. Una obra de arte, salvo en el supuesto de que todos los compradores potenciales traten de revenderla inmediatamente en el mercado, tendrá un valor distinto para cada posible comprador, sobre la base de sus gustos, su colección de obras, etc. Puede suceder, sin embargo, que el bien o derecho que se subasta tenga el mismo valor para todos, aunque exista incertidumbre acerca del verdadero valor del bien que se subasta. Así, si se subastan los derechos de explotar la concesión de la telefonía móvil, o la ejecución de un tramo de autopista, cada participante en la subasta tiene que estimar los beneficios o los costes que la adjudicación le reporta, pero su valoración es común a todos los que entran en la subasta.

En el primer caso, la incertidumbre gira sobre el valor que cada persona atribuye al bien. En el segundo caso, sobre el valor del bien en sí mismo.

A las subastas del primer tipo, cualquiera que sea el procedimiento que se siga para la adjudicación, se les denomina subastas de valor privado, mientras que a las segundas se las conoce como subastas de valor común. Evidentemente, la subasta puede referirse a bienes que participan de las dos categorías, es decir, hay una correlación entre el valor común y el valor privado. No obstante, con el fin de poder analizar los aspectos más singulares de cada tipo de subastas, se considera cada una de ellas por separado.

SUBASTAS DE VALOR PRIVADO

Subasta inglesa

La subasta inglesa es quizá la más conocida de todas. En ella, los participantes hacen sus pujas abiertamente, cada pujador puede revisar al alza la puja realizada anteriormente tantas veces como desee, y el objeto se adjudica a quien realiza la puja más alta. La estrategia a seguir por cada jugador dependerá de su propia valoración del bien y de la valoración que tengan los demás jugadores. La regla de comportamiento es muy sencilla: pujar la mínima cantidad admitida en las reglas de la subasta por encima de la última puja realizada por otro jugador hasta que se alcance el valor que se atribuye al bien. En ese momento, dejar la puja.

La estrategia es clara porque se trata de conseguir el bien mientras que su precio sea inferior a nuestra valoración, pagando por él la menor cantidad posible. El grado de aversión al riesgo de cada participante no es relevante, salvo que haya incertidumbre en la estimación subjetiva del valor del bien.

Es evidente que, al mantenerse secretas las valoraciones que tienen cada uno de los participantes del bien subastado, el ganador en la subasta obtiene un beneficio que viene dado por la diferencia entre el precio pagado, que es la segunda valoración más alta, y su valoración personal.

¿De qué depende la segunda valoración más alta? Cabe esperar que cuanto mayor sea el número de personas que intervienen en la subasta, más próxima estará ésta, en promedio, del máximo valor privado. En consecuencia, desde el punto de vista del organizador de la subasta, cuantas más personas participen, más probable es que obtenga un mejor precio de venta (Mcmillan 1992) ¿Hay algún otro de tipo de subasta que permita al adjudicador mejorar su resultado? La realidad es que difícilmente lo conseguirá si todos los jugadores se comportan racionalmente.

Subastas en sobre cerrado

Subasta en sobre cerrado y adjudicación al mejor postor

La subasta en sobre cerrado con adjudicación del bien o derecho al mejor postor presenta muchas más dificultades para los participantes. La oferta que se presenta en el sobre se formula sin saber cuál será la oferta que van a presentar los demás. Si la oferta que se presenta es demasiado alta en comparación con la segunda mejor oferta, se habrá dejado de ganar una cantidad importante en favor del vendedor o adjudicador. Si la oferta es demasiado baja y se sitúa por debajo de la segunda mejor oferta, se habrá perdido la posibilidad de obtener el objeto subastado.

Así, pues, cuando la subasta se produce con ignorancia de cuál es el segundo valor mas alto, el problema es difícil de resolver y no caben soluciones generales (Rasmusen 1989).

¿Cabe hacer alguna recomendación? Alguna cosa sí se puede decir. Supongamos que se conoce la segunda valoración más elevada. En este caso, la regla es similar a la de la subasta inglesa. Si no se conoce, como es el caso, ¿qué debemos hacer? Lo racional sería llevar a cabo la mejor estimación posible de cuál puede ser la segunda valoración más elevada y ofertar una cantidad ligeramente superior.

Supongamos que hay dos participantes en la subasta: **1** y **2**, con unas valoraciones $\mathbf{V_1}$ y $\mathbf{V_2}$ respectivamente, que pueden tomar cualquier valor entre 0 y V con la misma probabilidad. ¿Qué estrategia debe seguir, por ejemplo, el participante **1**?

1 ganará la subasta si su puja P_1 es mayor que V_2. Suponiendo que V_2 puja exactamente un precio igual a su valoración, gana si $P_1>V_2$. La probabilidad de que $P_1>V_2$, o lo que es lo mismo, que $V_2<P_1$, es $\mathrm{Prob}\,(V_2<P_1) = \frac{P_1}{V}$.

El beneficio que **1** obtendría en el caso de que ganase sería (V_1-P_1), es decir, la diferencia entre su valoración y su puja. Si pierde, su beneficio será cero. Su beneficio esperado será el beneficio si gana por la probabilidad de ganar:

$\left(V_1 - P_1\right) \frac{P_1}{V}$ ¿Cuál es el valor de P_1 que hace máximo el beneficio esperado?[19]

Este valor es $P_1= \frac{V_1}{2}$.

El jugador **1**, cuando compiten dos jugadores, debe pujar una cantidad igual a la mitad de su propia valoración.

---

[19] Será el valor de P_1 para el que $\frac{\delta F}{\delta P_1} = 0$

En el ejemplo hemos supuesto que **1** puja una fracción de su propio valor mientras que V_2 puja exactamente por su valor. ¿Qué sucede si V_2 puja también una fracción **h** de su valoración? La regla de conducta sigue siendo la misma pujar la mitad de nuestro valor.

El supuesto de 2 participantes puede generalizarse para el caso en el que participen **n** personas, y todas ellas sigan la norma de pujar una fracción **h** de su propia valoración.

El participante **1** ganará la subasta si $P_1>hV_i$ para todos i = 2, ..., n.

La probabilidad de que

$$P_1 > hV_i \, \text{Prob}\,(P_1 \geq hV_i) = \text{Prob}\,(hV_i \leq P_1) = \text{Prob}\,(V_i \leq \frac{P_1}{h}) = \frac{P_1}{hv}$$

La probabilidad de que P_1 sea la mayor de entre todas las ofertas de los (n-1) participantes será $\left(\frac{P_1}{hV}\right)^{n-1}$

El beneficio esperado de 1 será $(V_i - P_1)\left(\frac{P_1}{hV}\right)^{n-1}$

El valor de P_1 que hace máximo su beneficio esperado será $P_1= V_i \frac{(n-1)}{n}$

que es el resultado de ponderar la oferta por la fracción $\left(\frac{n-1}{n}\right)$ siendo **n** el número de participantes. O lo que es lo mismo, formular una oferta que sea el resultado de reducir nuestra valoración en $\left(\frac{1}{n}\right)$.

Subasta en sobre cerrado con adjudicación al mejor postor por el segundo mejor precio

El mecanismo es similar al de la subasta en sobre cerrado que acabamos de examinar. Cada participante efectúa su oferta sin conocer la oferta que presentan los demás. Gana la subasta quien hace la mayor oferta pero, a diferencia de la subasta en sobre cerrado clásica, el precio que paga es el correspondiente a la segunda mejor oferta presentada.

En este tipo de subastas, la estrategia dominante consiste en pujar de acuerdo con nuestra valoración del bien. Al pagar solo el importe correspondiente a la segunda mejor oferta, el beneficio para el adjudicatario vendrá dado por la diferencia entre su valor privado y la segunda mejor oferta. Estas subastas, en las que el bien se vende al mejor postor pero al precio mayor ofrecido por el perdedor, se conocen en la literatura especializada como subasta de Vickrey. Se trata de una estrategia dominante porque nada se gana pujando por debajo de la verdadera valoración ya que, cualquiera que sean las ofertas que los demás participantes hayan presentado en sus sobres, pujar por debajo de la verdadera valoración del bien solamente disminuye la probabilidad de ganar la subasta, sin alterar, en ningún modo, el precio a pagar por ello. Análogamente, nada se gana elevando la puja por encima de la verdadera valoración, porque si ello es necesario para ganar es porque alguien ha ofrecido lo mismo o más que nuestra verdadera valoración y, en consecuencia, estamos pagando lo mismo o más de lo que nos importa el objeto (Binmore 1994).

Subasta holandesa

En la subasta holandesa, el subastador anuncia un precio de salida y éste se va reduciendo gradualmente hasta que alguien para la subasta, o, si hay un suelo para el valor, hasta que se alcanza dicho suelo y el subastador retira el objeto de la licitación. Este tipo de subastas se emplean con frecuencia en la venta de muchos tipos de bienes.

Desde el punto de vista de cuál es la mejor estrategia a emplear en esta modalidad de subasta, cabe hacer las mismas consideraciones aquí que en la subasta en sobre cerrado con adjudicación al mejor postor. Dicho en otros términos, ambas subastas son estratégicamente equivalentes.

COLUSIÓN DE COMPRADORES

Rasmusen (1989) señala que el procedimiento de las subastas tiene, entre sus motivaciones, estimular la competencia y evitar las prácticas colusorias. Sin embargo, algunos tipos de subasta son más vulnerables a estas prácticas que otros. En este sentido, la subasta en sobre cerrado con adjudicación al mejor postor es superior a la subasta inglesa y a la subasta en sobre cerrado con adjudicación al segundo mejor postor.

Pensemos, por ejemplo, que quienes van a participar en la subasta se reúnen para acordar una estrategia que les permita engañar al subastador pero adjudicando los bienes a quien más los valora. Supongamos que **A** valora el bien en 30 y los demás en 28, y acuerdan pujar todos **5** excepto **A** que pujará **6**. La subasta inglesa incorpora un mecanismo de autocorrección, ya que si alguien puja por encima de **5**, **A** lo advierte y pujará lo que sea necesario hasta llegar a 30. En la subasta en sobre cerrado con adjudicación al segundo mejor postor, también es fácil asegurar el cumplimiento del pacto ilegal: **A** puja por 30 y todos los demás por **6**.

Sin embargo, en la subasta en sobre cerrado con adjudicación al mejor postor resulta más difícil de asegurar el cumplimiento del acuerdo colusorio. Desde esta perspectiva, si el vendedor anticipa la posibilidad de que existen acuerdos para vulnerar la libre competencia entre los participantes, el procedimiento de la subasta en sobre cerrado con adjudicación al mejor postor es superior a los demás procedimientos.

Existen también fórmulas mixtas, que se utilizan en las subastas judiciales, que combinan la subasta inglesa con la presentación de ofertas en sobre cerrado. Estas fórmulas, sin embargo, se reconducen a uno de los tipos anteriores, según que las ofertas en sobre se abran al final o al principio de la subasta. Es decir, si sobre las ofertas cerradas es posible seguir pujando en subasta abierta, estaremos ante una subasta inglesa y las estrategias óptimas serán las que dijimos anteriormente. Si, por el contrario, los sobres se abren al final de la subasta inglesa, la estrategia óptima será la propia de una subasta en sobre cerrado.

Un último comentario que cabe hacer sobre los acuerdos que vulneran la libre competencia es que si la subasta se celebra una sola vez, el incentivo a romper los pactos colusorios es más alto que si las subastas y los participantes se repiten en el tiempo. Aquí, los mecanismos de sanción que establezca el grupo podrán ser eficaces y habrá un mayor incentivo a la cooperación entre quienes acuerdan la colusión.

SUBASTA DE VALOR COMÚN

A diferencia de las subastas llamadas de valor privado, en las subastas de valor común, el bien o el derecho que se subasta tiene el mismo valor para todos los participantes. El hecho de que sus valoraciones difieran es debido a que tienen que estimar el valor del bien o derecho. En estas subastas, los participantes pueden obtener información valiosa para realizar sus propias estimaciones del valor del objeto subastado.

Una estrategia obvia a seguir en este tipo de subastas es pujar hasta el valor estimado del bien o derecho subastado. Pero esta estrategia convierte la remuneración del ganador en negativa (Rasmusen 1989) (Mcmillan 1992) (Binmore 1993), ya que el ganador es precisamente el participante que ha incurrido en el mayor error de estimación. Quienes subestiman el valor, sencillamente pierden, solo el ganador experimenta las consecuencias de la sobreestimación. Este fenómeno se conoce en la literatura de Teoría de juegos como la "maldición del ganador".

Para evitar la "maldición del ganador", los participantes deben reducir las estimaciones realizadas para hacer sus pujas según un procedimiento similar al descrito en las subastas en sobre cerrado con adjudicación al mejor postor, para estimar el valor del segundo mejor postor y pujar en consecuencia.

Mcmillan (1992) propone un sencillo juego que nos ilustra acerca de los efectos de la maldición del ganador y sus vías de anticipación y corrección. El juego es el siguiente: se subasta una maleta llena de dinero, y cinco personas van a participar en la subasta. Los participantes no pueden mirar cuanto dinero hay, pero reciben, cada uno de ellos, una estimación del dinero existente. Además, se les informa de que las estimaciones son todas diferentes entre sí, son múltiplos de 1.000 ptas. y oscilan en un rango que va desde 2.000 pts. por debajo de la verdadera cantidad, hasta 2.000 ptas. por encima. Es decir, las cinco estimaciones que se proporcionan son: x-2.000; x-1.000; x+1.000 y x+2.000; siendo x la verdadera cantidad de dinero en el maletín. Si el valor estimado que te comunican es 10.000 ptas. y las reglas de la subasta son que debe pujarse en múltiplos de 1.000 ¿cuál sería tu puja?

Una forma de razonar es la siguiente: si la estimación comunicada es 10.000, la cantidad real estará entre 8.000 y 12.000. Si yo pujo de acuerdo con el valor promedio del rango, la estimación dada, y todos siguen la misma estrategia, el ganador será el que haya ofrecido 2.000 ptas. más de la cantidad realmente existente. Esta sería la maldición del ganador.

La manera más racional de pujar consiste en anticipar este resultado y considerar que si x+2.000 es el mayor valor del rango de estimaciones, ése es precisamente el valor de mi estimación. Reduciré, por tanto, mi estimación en 2.000 ptas. para eliminar la posibilidad de perder si gano; y otros 1.000 ptas. (mínima reducción posible en la puja) para efectivamente ganar 1.000 ptas. si gano, es decir, si mi puja es la más alta. ¿Qué sucede si no gano? Sucede, sencillamente, que no pierdo.

El ejemplo es muy ilustrativo de la estrategia que se recomendaba anteriormente: reducir nuestra estimación en la puja. El cuánto, dependerá del número de participantes y de la incertidumbre que preexista respecto al verdadero valor del bien o derecho subastado.

En las operaciones comerciales y financieras cotidianas pueden encontrarse ejemplos de este tipo. ¿Ha sido quizá el último ejemplo disponible en España la compra de BANESTO por el Banco de Santander?

La mayor parte de las subastas presentan características mixtas de valor privado y valor común. Éste es el caso, por ejemplo, en los procedimientos de adjudicación de obras por el Estado según procedimientos de subasta. Por una parte, el caso responde al tipo de la subasta de valor común: se trata de estimar el verdadero valor de la obra que se quiere ejecutar. Pero, al mismo tiempo, al ser las estructuras de coste distintas entre las empresas licitadoras, hay un elemento de valor privado en la misma. La ejecución de la misma obra no cuesta lo mismo a las diferentes empresas que concurren.

CONCLUSIONES

Las páginas anteriores han querido ilustrar acerca de las diferencias existentes en un procedimiento tan comúnmente utilizado como las subastas, tanto para la venta de bienes o derechos como para la adjudicación de trabajos, obras o suministros. Según cuál sea el procedimiento de subasta escogido, mayores serán las posibilidades de que, bien el vendedor o bien el comprador, obtengan un mejor resultado. Las estrategias a seguir son diferentes según el procedimiento elegido, aunque las diferentes subastas son equivalentes entre sí. La distinción entre el valor privado y el valor común de la subasta es básica para decidir una estrategia y no incurrir en pérdidas no deseadas.

REFERENCIAS BIBLIOGRÁFICAS

BINMORE KEN (1993): *Teoría de Juegos*. Mcgraw Hill.

MCMILLAN, JOHN (1992): "Games, Strategies and Managers". New York. *Oxford University Press*.

MILGROM, PAUL R, AND WEBER ROBERT J. (1982): "A theory of Auctions and competitive Bidding" *Econometrica* 50.

MILGROM, PAUL (1987): "Auction Theory" in *Advances in Economic theory*. Fifth world Congress. Truman Bewley, ed. Cambridge: Cambridge University Press.

RASMUSEN, ERIC (1989): *Games and Information: An introduction to game theory*. Basil Blackwell.

VICKREY, WILLIAM (1961): "Counterspeculation, Auctions, and Competitive Sealed Tenders" *Journal of Finance*, March 1961.

CAPÍTULO SEXTO

Votar estratégicamente

SISTEMAS DE VOTACIÓN: EL VOTO SINCERO Y EL VOTO ESTRATÉGICO

Hay múltiples supuestos en los que el proceso de decisión o de negociación se resuelve mediante una votación. Cuando el sentido del voto de cada persona no se ve afectado por el voto de los demás, es decir, cuando el voto de cada uno es independiente del voto de los restantes votantes, no hay lugar para actuar estratégicamente. Sin embargo, son muchas las situaciones en las que el voto de cada uno no es independiente del de los demás y la opción de unos afecta a la de otros que busquen obtener o favorecer un determinado resultado. Son estos supuestos, en los que cabe un voto estratégico, los que vamos a analizar en el presente capítulo.

El voto sincero se puede definir como el voto que se corresponde estrictamente con las preferencias del que vota, mientras que el voto estratégico se define como aquel que tiene en cuenta el voto esperado de los demás y en función de éste busca el resultado que se prefiere.

LA SELECCIÓN DEL MEJOR CANDIDATO PARA EL PUESTO VACANTE

Supongamos que una comisión integrada por tres miembros tiene que seleccionar, de entre dos candidatos, al nuevo director general de la empresa. En este supuesto no cabe hablar de voto estratégico. La forma en la que cada miembro de la comisión vote es independiente de cómo voten los demás.

Si el candidato preferido de uno de los miembros es el Sr. A y el de los otros dos es el Sr. B, cualquiera que sea su voto no alterará el resultado. Si por el contrario, el voto de los otros dos está dividido entre el Sr. A y el Sr. B, su voto es decisivo pero siempre votando en la misma dirección que sus preferencias: votando al Sr. A.

Pero supongamos ahora que los tres miembros de la comisión, que se identifican como vicepresidente, director de producción y director de *marketing*, tienen que escoger un director económico de entre tres candidatos. La forma en la que se lleva a cabo la elección es siguiendo una regla de mayoría: el que obtenga dos de los tres votos emitidos será nombrado para el cargo. El esquema de preferencias para los candidatos es el siguiente:

Al vicepresidente le corresponde, asimismo, fijar el procedimiento para llevar a cabo la elección del nuevo director económico. Supongamos que el vicepresidente, atendiendo a sus preferencias, plantea en primer lugar que se elija entre el Sr. B y el Sr.C, que son las preferencias que tiene en primer y segundo lugar, y que el seleccionado en esta primera votación sea enfrentado con el tercer candidato.

Si en una primera votación compiten el Sr. B y el Sr. C y cada uno de los miembros de la comisión vota sinceramente de acuerdo con sus preferencias, el vicepresidente votará al Sr. B, el director de producción votará al Sr. C y, finalmente, el director de marketing votará de nuevo al Sr. B.

Orden de preferencia	*Vicepresidente*	*Director de Producción*	*Director de Marketing*
1.º	Sr. B	Sr. C	Sr. A
2.º	Sr. C	Sr. A	Sr. B
3.º	Sr. A	Sr. B	Sr. C

Por tanto, el Sr. B será escogido en la primera vuelta y el Sr. C será descartado.

Si se comparan a continuación los candidatos Sr. B y Sr. A, el vicepresidente votará por el Sr. B nuevamente, pero tanto el director de producción como el director de marketing votarán por el Sr.A, que son su segundo y primer candidato respectivamente. El candidato seleccionado será el último en el orden de preferencias del vicepresidente.

El vicepresidente, no ha tenido en cuenta la forma en la que se iba a desarrollar la votación, no ha dado importancia a quiénes iban a ser enfrentados en la primera votación y quiénes en la segunda. Por otro lado, el voto sincero de cada uno de los miembros del comité en los dos turnos conduce, de acuerdo con el procedimiento seguido, a la elección del Sr. A.

LA SELECCIÓN DEL MEJOR CANDIDATO PARA EL PUESTO VACANTE II

Partamos ahora del supuesto de que cada miembro de la comisión de selección conoce perfectamente las preferencias de los demás miembros. El procedimiento a seguir para la votación es análogo al anterior: primero se enfrentan dos candidatos y el que gana en la primera votación se enfrenta con el tercero.

El diagrama de decisión de la votación anterior puede representarse de la siguiente forma:

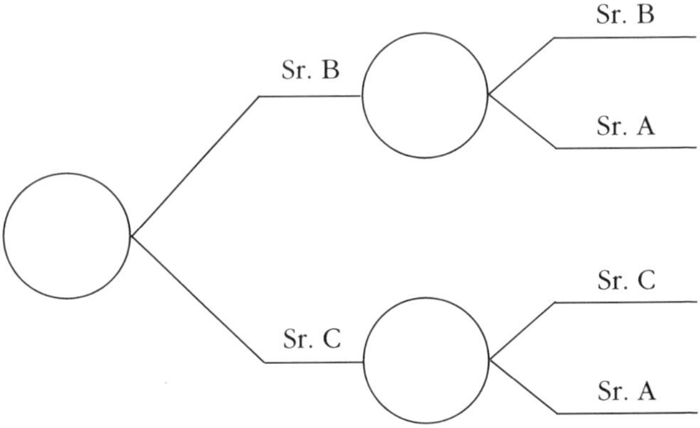

Si en la primera votación se enfrentan el Sr. B y el Sr. C y el Sr. B sale escogido, la segunda votación es una elección entre el Sr. B y el Sr. A. Si en la primera votación sale elegido el Sr. C, en la segunda se enfrentan el Sr. C y el Sr. A. Por tanto, la elección entre el Sr. B y el Sr. C no es otra cosa que decidir si se quiere escoger entre el Sr. B y el Sr. A por un lado o el Sr. C y el Sr. A por otro. Si se enfrentan el Sr. B y el Sr. A, el Sr. A saldrá elegido. Si, por el contrario, se enfrentan el Sr. C y el Sr. A, el elegido será el Sr. C.

En definitiva, cuando se plantea la elección entre el Sr. B y el Sr. C como primera votación, en realidad se está escogiendo entre el Sr. A y el Sr. C. Si a la hora de escoger entre el Sr. B y el Sr. C estamos realmente escogiendo entre el Sr. A y el Sr. C, nuestro voto no será un voto sincero sino necesariamente un voto estratégico.

¿Cómo podría el vicepresidente estructurar el proceso de votación para que resulte elegido su mejor candidato? La estrategia podría consistir en enfrentar en la primera votación al Sr. B con el Sr. A, de forma que el elegido en este primer turno compitiese con el Sr. C en la segunda elección:

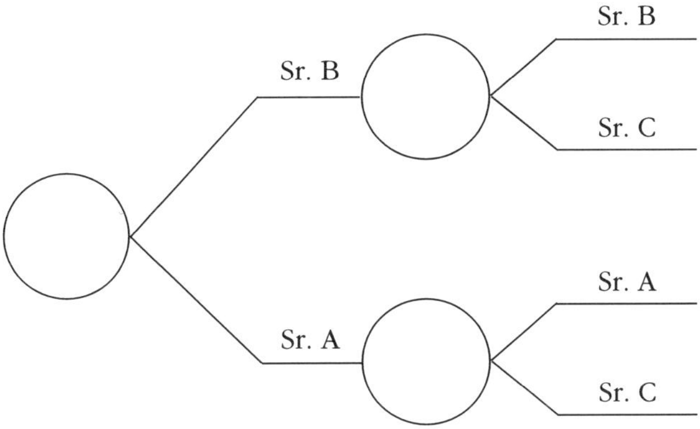

Al plantear la elección de esta forma, en realidad está planteando una elección entre el Sr. B y el Sr. C. Dado que tanto el vicepresidente como el director de *marketing* prefieren al Sr. B sobre el Sr. C, en la primera votación ambos votarían al Sr. B, asegurándose así que el Sr. B es elegido en lugar del Sr. C.

Vemos cómo en la primera votación el director de *marketing* vota en contra de sus preferencias, ya que el Sr. A es preferido al Sr. B. Sin embargo, dado que prefiere al Sr. B que al Sr. C, debe votar estratégicamente.

Este ejemplo, conocido en la literatura como la paradoja de las preferencias "cíclicas", nos permite ilustrar la idea de uso estratégico del sistema de votación, así como del voto como fórmula para obtener un resultado actuando, al menos en apariencia, de forma contraria a nuestras preferencias.

Siguiendo con el ejemplo de las preferencias cíclicas, ¿cabe alguna otra estrategia que pueda desarrollar el vicepresidente para obtener al candidato preferido? Supongamos un nuevo procedimiento de votación consistente en que una primera candidatura se somete a votación. Si el candidato obtiene mayoría es nombrado para el puesto; si no, se pasa a un segundo candidato. Análogamente, si obtiene una mayoría de votos directamente recibe el nombramiento sin necesidad de considerar al tercer candidato. Si es rechazado, el tercer candidato pasa a ser el elegido.

Dado este procedimiento de voto, ¿cómo actuaría el vicepresidente? Supongamos que el vicepresidente decide proponer a los candidatos en una secuencia semejante al orden de preferencias del director de producción, es decir, 1) Sr. C; 2) Sr. A; 3) Sr. B. Esquemáticamente, la secuencia podría representarse de la siguiente forma:

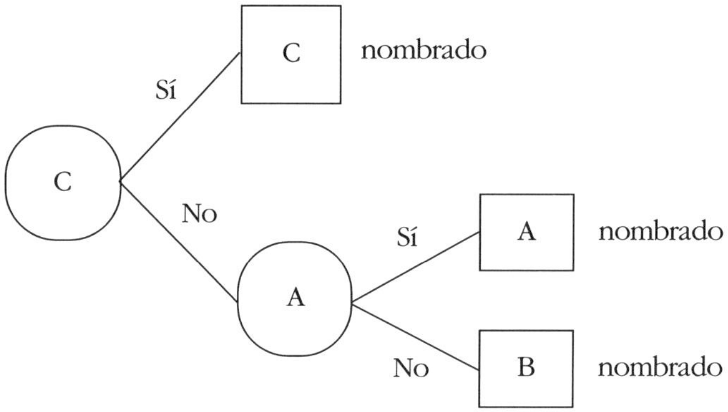

Si la primera opción del Sr. C es rechazada, se trataría de elegir entre A y B, ya que rechazar a A supondría nombrar a B y viceversa. Si se plantea la elección entre A y B, A obtendría dos votos contra uno de B. Luego, el Sr. A resultaría elegido. Por tanto, la primera opción que se propone de aceptar o rechazar al Sr. C supone, en definitiva, una opción entre C y A. Dado que tanto el vicepresidente como el director de producción prefieren a C sobre A, la primera opción del Sr. C sería aceptada.

Analicemos ahora la secuencia de acuerdo con las preferencias del director de *marketing:*

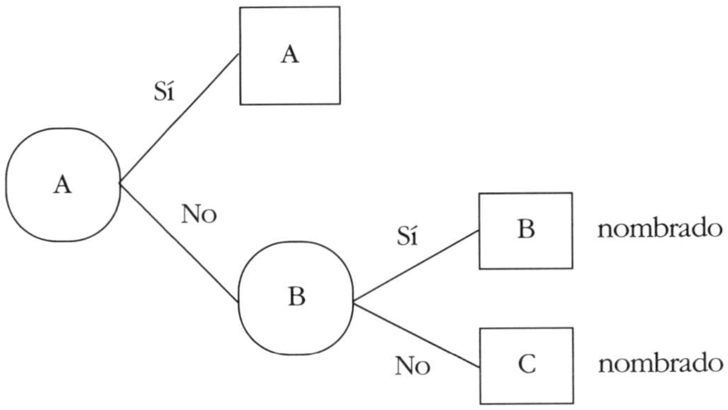

Si A no obtiene una mayoría de apoyo en la primera votación, el problema consistiría en elegir entre B y C. En este caso, el Sr. B resultaría elegido, lo que nuevamente plantea que la aceptación o el rechazo del Sr. A es en realidad la opción por el Sr. A o el Sr. B. Dado que A es preferido a B, el resultado de la primera votación sería de aceptación y nombramiento del Sr. A.

El análisis de las dos secuencias de decisión anteriores pone claramente de manifiesto que, de acuerdo con el procedimiento establecido, el candidato que se propone en primer lugar es el que resultará definitivamente escogido siempre que los miembros del comité voten estratégicamente.

De acuerdo con lo dicho hasta aquí, la secuencia que debe proponer el vicepresidente para que el Sr. B salga elegido es:

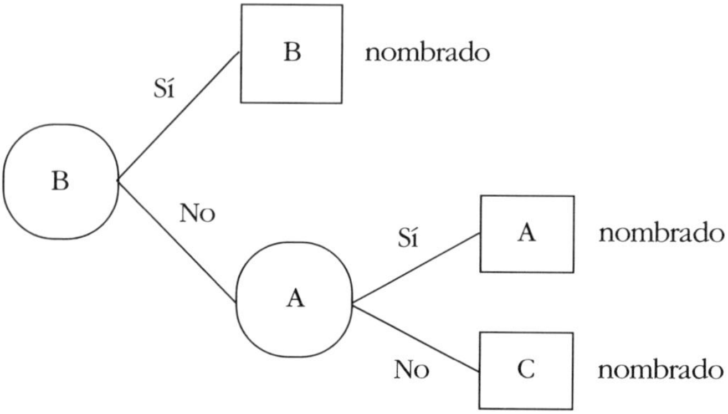

Si en lugar de votar estratégicamente el voto fuera sincero, en un esquema como el propuesto el Sr. B sería rechazado en la primera votación, ya que tanto para el director de producción como para el director de *marketing* existen otras opciones mejores que B. En la segunda votación, al plantearse la opción entre A y C, tanto el vicepresidente como el director de producción optarían por C y el Sr. A sería rechazado.

El procedimiento analizado pone en evidencia de nuevo la necesidad de votar estratégicamente de forma distinta a nuestras preferencias para obtener el mejor resultado posible.

¿DÓNDE VAMOS DE VACACIONES?

Veamos a continuación un ejemplo que resume perfectamente el papel estratégico que el procedimiento y el voto pueden jugar para obtener el resultado deseado. *Y* e *I* son dos amigos que tienen la costumbre de veranear juntos y de decidir sus vacaciones de una forma democrática sometiendo a votación las diferentes alternativas posibles de pasar las vacaciones. Ahora deben decidir sobre dos cuestiones.

Primero, si las vacaciones las van a pasar en el sur o si por el contrario van a ir al norte de Francia. Segundo, si las vacaciones van a ser este año de costa o de interior. La realidad es que lo que verdaderamente les preocupa es cuánto les va a costar el veraneo y qué tal van a comer durante esos meses de verano. Las preferencias de los dos amigos son muy diferentes, ya que uno de ellos es muy mirado para el dinero y prefiere gastarse la menor cantidad posible. Al otro, sin embargo, lo que le interesa es que las vacaciones no le hagan engordar y prefiere ir a sitios donde se coma poco. Si se inclinan por ir al interior en el norte de Francia, saben que las vacaciones les costarán 600.000 pesetas y que, además, comerán muchísimo. Si, por el contrario, van a la costa a la zona sur, el precio de las vacaciones será de 700.000 pesetas y saben que comerán muy poco. Las otras dos opciones son las de ir a la costa al norte de Francia, en cuyo caso se gastarán 500.000 pesetas y comerán mucho, o ir al interior del sur, que les costará solamente 400.000 pesetas al tiempo que comerán poco.

Y, lo que quiere realmente es comer muy poco y no dar al traste con el riguroso régimen que ha venido siguiendo durante todo el año. Si no puede conseguir comer muy poco preferiría al menos ir a un sitio donde se comiera poco. Lo último que querría es ir de veraneo a un sitio donde el resultado fuese que se come muchísimo.

A *I*, por el contrario, lo que le gustaría sería gastarse el menor dinero posible en las vacaciones. Prefiere, por tanto, gastarse 400.000 pesetas a gastarse 500.000 pesetas, se coma como se coma. Por supuesto, no le haría ninguna gracia gastarse 600.000 pesetas, y mucho menos 700.000.

El año pasado pasaron las vacaciones en la costa en el norte de Francia. De acuerdo con el procedimiento que tienen establecido, para cambiar el lugar de sus vacaciones es necesario que los dos estén de acuerdo. Es decir, si este año quieren ir al interior en lugar de a la costa como el año pasado, es necesario que ambos lo acepten. Del mismo modo, si quieren ir al sur en lugar de al norte, será necesaria la unanimidad.

La votación no tiene lugar sobre si va a gastarse más o menos dinero o si se quiere comer más o menos. Se decide sobre el lugar de veraneo, y el gasto y la comida son consecuencia de la votación.

El procedimiento normal consiste en decidir en primer término sobre la zona de Francia a la que irán de veraneo, y en segundo término si van a ir a la costa o al interior. No obstante, si los dos están de acuerdo en resolver primero si costa o interior, pueden hacerlo.

Esquemáticamente, el árbol de decisión con el que se enfrentan *Y* e *I* es el que se representa en la figura adjunta. El diagrama explica las distintas decisiones que hay que someter a votación. Así, si se sigue el procedimiento normal, nos situamos en la parte izquierda de la figura. Como muestra el esquema, para ir al Sur serán necesarios dos votos, tal y como indica el número dos reflejado en el esquema. Para ir al interior será necesario también el acuerdo de los dos y el resultado será el precio de 400.000 y la solución de comer poco.

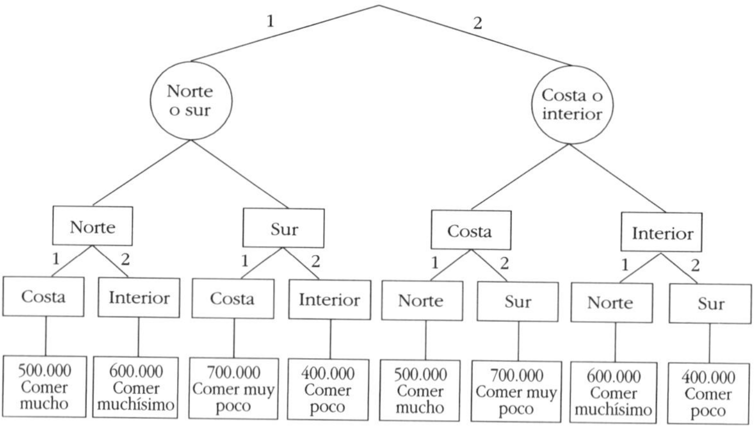

Podemos representar también de forma esquemática el orden de preferencia de cada amigo:

	Y	**I**
1.	Comer muy poco	gastar 400.000
2.	Comer poco	gastar 500.000
3.	Comer mucho	gastar 600.000
4.	Comer muchísimo	gastar 700.000

Una vez especificadas las preferencias de cada uno, el procedimiento a seguir y el número de votos necesario para cada opción, podemos analizar como votarían *Y* e *I*.

Un procedimiento para analizar las posibles estrategias de voto consiste en ir reconstruyendo el problema desde el final hasta la primera decisión. Puede observarse cómo cualquiera de los dos amigos, conseguiría, sin necesidad del acuerdo del otro, tomar la decisión de ir al Norte y a la costa con el resultado de gastar 500.000 y comer mucho. Ésta sería la solución que el gráfico presenta en el extremo de la izquierda. Para decidir que se decida primero si Norte o Sur, basta con que uno lo quiera; para decidir Norte es necesario tan sólo que uno quiera Norte y, una vez decidido Norte, la decisión de costa requiere nuevamente sólo un voto.

Por ello, si según el procedimiento normal cualquiera de los dos amigos vota por ir al Norte, la decisión siguiente entre costa o interior es en realidad una decisión entre un veraneo de 500.000 y comer mucho o un veraneo de 600.000 y comer muchísimo. Evidentemente, los dos prefieren la primera solución de 500.000 y comer mucho a la segunda.

Si dentro del procedimiento normal los dos votasen Sur, la siguiente decisión entre costa o interior sería de hecho una votación entre gastar 700.000 pesetas y comer muy poco o gastar 400.000 y comer poco. En este caso, mientras que *Y* prefiere nominalmente costa porque le permite comer muy poco, *I* prefiere nominalmente votar interior porque sólo le costaría 400.000 pesetas. No obstante, dado que esta última decisión requiere el acuerdo de los dos, *Y* siempre podría conseguir ir a la costa.

En definitiva, dentro del procedimiento normal está claro que si se vota Sur el resultado será de 700.000 y comer muy poco, y si se vota Norte el resultado será 500.000 y comer mucho. Esto es realmente lo que se vota cuando se vota Norte o Sur. Por tanto, dado que *I* prefiere gastar 500.000 a gastar 700.000 y que solo con su voto puede conseguirlo, *I* votará Norte en primer lugar y costa después.

Analicemos a continuación la decisión alternativa a decidir en primer término entre Norte o Sur, consistente en dirimir primero si costa o interior. Si se decide en primer lugar entre costa e interior y se elige costa, la decisión nominal entre ir al Norte o ir al Sur supone de hecho escoger entre un gasto de 500.000 pesetas y comer mucho o gastar 700.000 y comer muy poco. Dado que *I* prefiere gastar menos y un solo voto lo hace posible, *I* votará Norte. Si ambos eligen interior, ambos elegirán también Sur ya que 400.000 pesetas y comer poco es mejor para los dos que 600.000 y comer muchísimo. Por tanto, elegir costa o interior es elegir 500.000 y comer mucho o 400.000 y comer poco. Si se elige el procedimiento alternativo, cabe esperar que los dos voten interior y los dos quieran ir al Sur.

La primera decisión en torno al procedimiento, es decir, si se elige primero entre ir al Norte o al Sur o, por el contrario, se decide primero entre la costa y el interior, no es sino elegir entre gastar 500.000 y comer mucho o gastar 400.000 y comer poco. Racionalmente cabe esperar que tanto Y como *I* estén de acuerdo en alterar el procedimiento de siempre y decidir por unanimidad ir al interior al Sur de Francia.

Vemos, pues, cómo, según que se siga uno u otro procedimiento, el resultado al que se llega es completamente diferente.

Es más, si los dos amigos hubieran decidido en primer término sobre si veranear en el Norte o en el Sur, siguiendo el procedimiento que hemos denominado normal, el resultado alcanzado hubiera sido menos eficiente que si hubieran seguido el procedimiento alternativo. Es decir, el resultado de gastar 400.000 pesetas y comer poco que se alcanza eligiendo primero entre costa o interior, es preferido por los dos al de gastar 500.000 y comer mucho que hubieran obtenido de otro modo.

Si una alteración en las preferencias de una de las partes altera también la forma en la que la otra votaría, estaremos ante situaciones en las que el voto de carácter estratégico cobra todo su sentido.

CONCLUSIONES

En este capítulo se ha querido llamar la atención sobre la influencia que puede tener en el resultado de una votación, tanto el procedimiento seguido para votar, como el sentido del voto. Hay muchos supuestos en los que cabe un voto estratégico, entendido como aquél que aparentemente no sigue nuestras preferencias de manera directa porque toma en consideración el sentido del voto de los demás, para afectar al resultado de una votación.

La elección de candidatos, el nombramiento de miembros de comités, la presentación de propuestas y enmiendas, el fraccionamiento de mayorías, etc., son supuestos en los que la forma que se elige para resolverlos puede conducir a resultados muy distintos. Quisiera llamar la atención sobre la posibilidad, mucho más frecuente de lo que se supone, de que un voto sincero por parte de los electores conduzca a resultados inferiores de los que todos hubieran deseado.

Capítulo Séptimo

Repartir estratégicamente

En el capítulo anterior se decía que existen determinados procesos en los que la forma de obtener un resultado o una decisión final es mediante votación. Además, existen múltiples supuestos en los que cabe el voto estratégico como medio para alcanzar el resultado perseguido. Junto a los procedimientos estratégicos de votación, de los que hemos visto algunos ejemplos ilustrativos, los *procedimientos de reparto* son también medios con los que llegar a decisiones colectivas. En ellos hay, en general, espacio para una acción estratégica.

Los procedimientos de reparto pueden aplicarse a todos aquellos supuestos que podamos imaginar en los que sea necesario distribuir beneficios, objetos, costes, entre varias partes. Desde la distribución de una herencia hasta la solución de un problema de *overbooking* en un avión o en un hotel, existen múltiples supuestos que implican, más o menos explícitamente, la aplicación de algún procedimiento o método de distribución. En general, en todos estos casos, si no hay un procedimiento previamente admitido y aceptado por las partes, es siempre difícil y costoso alcanzar una división que sea satisfactoria para todos.

Los diferentes procedimientos que se nos puedan ocurrir o los que han sido ya ampliamente tratados en la literatura científica por los estudiosos de la Teoría de juegos incorporan siempre un criterio de justicia o equidad y, por tanto, son siempre susceptibles de discusión.

En todo caso, nos hallamos ante procedimientos que pueden facilitar en gran medida la resolución de conflictos como consecuencia de una distribución o reparto. Se trata, finalmente, de procedimientos que admiten con frecuencia un comportamiento estratégico.

LA LIQUIDACIÓN DE UNA SOCIEDAD

Vamos a describir, a continuación, alguno de los procedimientos de reparto que han sido objeto de un mayor tratamiento. Previamente debe señalarse que estos mecanismos de distribución tienen sentido cuando el valor que cada persona atribuye a los bienes objeto del reparto difiere entre sí, o si los bienes no son perfectamente divisibles. Si todas las partes que intervienen en el reparto tienen las mismas preferencias y el bien es perfectamente divisible, bastaría con dividirlo en tantas partes iguales como sujetos participan en el reparto. El problema deja de ser trivial cuando las preferencias no son idénticas y/o especialmente los bienes no son divisibles.

Juan, Hector e Isidoro son tres sujetos que deben repartirse, con ocasión de la liquidación de una sociedad, los bienes *A*, *B* y *C*. El siguiente cuadro refleja el verdadero valor en dinero que cada uno atribuye a los bienes de esta sociedad.

	Sujetos		
Bienes	J	H	I
A	1.000	3.000	2.000
B	2.000	1.500	1.000
C	500	800	1.000

EL PROCEDIMIENTO DE LA PORCIÓN JUSTA

De acuerdo con este primer procedimiento, se asigna cada objeto a la persona que le atribuye un mayor valor, y ésta aporta a un fondo común el valor correspondiente dado al objeto. El bien *A* se adjudica a *H*, que paga 3.000 ptas. por él; el bien *B* a *J*, que satisface 2.000 ptas., y finalmente el bien *C* se entrega a *I*, que abona 1.000 ptas. El fondo así constituido, 6.000 ptas., se distribuye por partes iguales entre todos los sujetos, es decir, 2.000 ptas. a cada uno. De acuerdo con este sistema, cada persona recibe una asignación de bienes, dinero, o bienes y dinero, que cada uno valora en 2.000 ptas. En definitiva, *J* se queda con el bien *B*; *H* se queda con el bien *A* y paga 1.000 ptas. a *I*, que se queda además con el bien *C*. Este es el procedimiento más simple que permite una asignación eficiente de los bienes. Es decir, cada objeto se adjudica a aquél que manifiesta una mayor preferencia por el mismo.

	Sujetos		
	J	H	I
1) Valor de los bienes adjudicados	B = 2.000	A = 3.000	C = 1.000
2) Valor asignado a cada sujeto	2.000	2.000	2.000
3) (2) - (1) compensaciones	0	–1.000	1.000

La mayoría de los procedimientos que se examinan se centran en la idea de "división justa" (*fair division*) o "reparto justo", consistente en asignar a cada persona al menos una enésima parte del valor personal que él atribuye a los bienes, cuando el número de personas que intervienen en el reparto es *n*.

En el ejemplo que acabamos de ver, el valor total que cada persona asigna a los bienes a repartir y su "porción justa" (*fair share*) o "participación equitativa" sería:

	Sujetos		
Bienes	J	H	I
A	1.000	3.000	2.000
B	2.000	1.500	1.000
C	500	800	1.000
1) Total valor de cada sujeto	3.500	5.300	4.000
2) Participación equitativa	1.167	1.767	1.333

La "participación equitativa" de cada persona se obtiene dividiendo su valoración total por el número de personas que, en este caso, es igual a tres.

Como hemos visto, cada sujeto, de acuerdo con el reparto propuesto obtiene un valor superior a su "porción justa":

	Sujetos		
	J	H	I
Valor recibido	2.000	2.000	2.000
Porción justa	1.167	1.767	1.333
Exceso sobre la porción justa	833	233	667

EL PROCEDIMIENTO DE STEINHAUS

Un segundo sistema es el que se conoce en la literatura como procedimiento de Steinhaus (1948). Los objetos se asignan, como en el caso anterior, a aquél que más los valora. Se calcula cuál es la "porción justa" que corresponde a cada persona así como el exceso o defecto entre su "porción justa" y el valor del bien adjudicado, y la suma de las diferencias se distribuye por igual entre todos los sujetos. En definitiva, cada uno obtiene un conjunto de bienes y/o dinero equivalente a su "porción justa" más una cantidad igual para cada uno de ellos:

	Sujetos		
Bienes	J	H	I
A	1.000	3.000	2.000
B	2.000	1.500	1.000
C	500	800	1.000
1) Total valor de cada sujeto	3.500	5.300	4.000
2) "Porción justa"	1.167	1.767	1.333
3) Bienes recibidos	B = 2.000	A = 3.000	C = 1.000
4) Exceso sobre "porción justa"	883	1.233	–333
5) Valor asignado a cada sujeto	(1.167+578)*	(1.767+578)	(1.333+578)

* 578 = (883 + 1.233 - 333)/3.

Dado que el valor asignado a *J* es 1.745 y el valor del bien que se le adjudica *B* = 2.000, deberá aportar al fondo común 255. *H* recibe el bien *A* = 3.000 y el valor total que le corresponde es 2.345. Deberá aportar al fondo común 655. Finalmente, a *I* le corresponden 1.910 mientras que el bien adjudicado *C* = 1.000. Le corresponden, por tanto, 910, que equivale al valor del fondo común constituido por *J* y *H*.

EL PROCEDIMIENTO DE LA PORCIÓN JUSTA II

Un tercer procedimiento consistiría en adjudicar los bienes tal y como se ha hecho en los dos casos anteriores, asignar a cada sujeto su "porción justa" y repartir el exceso entre la suma de las porciones que corresponden a cada uno y la valoración total de los bienes, en proporción a la "porción justa" de cada uno:

	Sujetos			
	J	H	I	Total
1) Porción justa	1.167	1.767	1.333	4.267 (1)
2) Valor de los bienes adjudicados	B = 2.000	A = 3.000	C = 1.000	6.000 (2)
3) Reparto del exceso	474	718	541	1.733 (3) = (2) – (1)
4) = (1) + (3) Total	1.641	2.485	1.874	6.000 (4) : (1) + (3) = (2)
5) = (2) – (4) compensaciones	359	515	–874	0

Por tanto, habrá que repartir 1.733 = 6.000 - 4.267, en proporción a la "porción justa" de cada uno. La fila 3) –diferencia entre el valor del bien adjudicado y la parte que finalmente corresponde a cada uno–, dará lugar a las compensaciones que recoge el cuadro (fila 5). Es decir, *J* y *H* compensarán a *I* con las cantidades indicadas.

Un último procedimiento que vamos a examinar consiste en adjudicar los bienes a quien más los valora, pero de acuerdo con la segunda valoración. Se trata de un sistema similar a una subasta en sobre cerrado con adjudicación al mejor postor pero por la segunda mejor oferta. En nuestro ejemplo, el bien *A* se adjudicaría a *H* pero por 2.000 y no por 3.000. El bien *B* se adjudicaría a *J* por 1.500 y el bien *C* a *I* por 800. Las cantidades abonadas por los bienes se repartirían por igual entre los tres:

	Sujetos		
	J	H	I
1) Valor de los bienes adjudicados	B = 1.500	A = 2.000	C = 800
2) Valor para cada sujeto*	1.433	1.433	1.433
3) (1) - (2) compensaciones	67	567	–634

* 1.500 + 2.000 + 800 = 4.300; 4.300/3 = 1.433

J y *H* compensarían a *I* por un total de 634, abonando el primero 67 y el segundo 567.

El cuadro siguiente recoge las diferencias en los resultados a los que se llega según cuál sea el procedimiento de reparto que se utilice. En definitiva, unos y otros conducen a resultados distintos más o menos favorables para cada sujeto. Las diferencias entre los distintos sistemas se encuentran, fundamentalmente, en la forma en que se reparte el exceso sobre lo que se ha llamado la "porción justa".

		Valor de la participación			
		Procedimientos			
Sujetos	Bienes recibidos	1	2	3	4
J	B	2.000	1.745	1.641	1.433
H	A	2.000	2.345	2.485	1.433
I	C	2.000	1.910	1.874	1.433
Total		**6.000**	**6.000**	**6.000**	**4.300**

Sujetos	Bienes recibidos	Compensaciones por procedimientos 1	2	3	4
J	B	0	–255	–359	–67
H	A	–1.000	–655	–515	–567
I	C	1.000	910	874	634
Resultado neto		**0**	**0**	**0**	**0**

Como pone de manifiesto el cuadro anterior, *I* preferirá el primer procedimiento, *H* el tercero y *J* nuevamente el primero.

CONCLUSIONES

En este capítulo no se ha pretendido hacer una enumeración exhaustiva de todos los procedimientos eficientes de reparto. Su propósito es distinto. Se ha querido llamar la atención sobre la multiplicidad de supuestos en los que es posible una actuación estratégica a la hora de diseñar un procedimiento de reparto. Los procedimientos de reparto analizados constituyen mecanismos que pueden facilitar, en gran medida, la resolución de conflictos en los que haya que repartir bienes indivisibles entre más de un sujeto. La falta de sistema impone siempre altos costes y posibles ineficiencias en la resolución de conflictos.

REFERENCIAS BIBLIOGRÁFICAS

RAIFFA, HOWARD (1982): *The art and science of negotiation.* Harvard University Press.

STEINHAUS, HUGO (1948): "The problem of fair division". *Econométrica,* vol. 16.

PUBLICACIONES DEL INSTITUTO DE ESTUDIOS ECONÓMICOS

COLECCIÓN *ESTUDIOS*

La Industria espanola ante la CEE, por ESADE. 1979.
La huelga y el cierre empresarial, por M. Alonso García. 1979.
La solución de los conflictos colectivos de trabajo, por M. Alonso García. 1979.
La terminación del contrato de trabajo, por J. A. Sagardoy Bengoechea. 1980.
La distribución de las competencias económicas entre el Poder central y las Autonomías territoriales en el Derecho comparado y en la Constitución Española, equipo dirigido por E. García de Enterría. 1980.
La participación de los trabajadores en la empresa, por L. E. de la Villa. 1980.
Problemas actuales de la Seguridad Social en Espana, por V. Anguera, J. dc Istúriz, E. Fontela y A. Mantero. 1981.
El modelo económico en la Constitución española (2 volúmenes), equipo dirigido por F. Garrido Falla. 1981.
La distribución funcional de la renta en España y en la Comunidad Económica Europea, equipo dirigido por A. Yábar Sterling. 1982.
La integración de España en el Mercado Común. Un estudio de protección arancelaria efectiva, por F. Melo y M.ª A. Monés. 1982.
Madrid Comunidad Autónoma Metropolitana, equipo dirigido por E. García de Enterría. 1983.
La agricultura española ante la CEE, equipo dirigido por A. Camilleri Lapeyre, 3.ª ed. 1986.
Los Fondos de pensiones. Su futuro en España, equipo dirigido por M. Rabadán Forniés, 2.ª ed. 1984 (agotado).
Contabilidad e impuestos en España, por A. Esteban Marina. Prólogo de M. J. Lagares Calvo. 1985.
Inflación e impuestos sobre la renta en España, por F. Utrera Mora. 1985.
Economía y fiscalidad de los municipios en España, por A. Díaz Alvarez. Prólogo de A. Pedrós Abelló. 1985.

Integración de los Impuestos sobre la Renta y Sociedades, por J. F. Corona Ramón. Prólogo de A. Pedrós Abelló. 1985.

La empresa española: estructura y resultados, equipo dirigido por E. Bueno Campos. 2.ª ed. 1990.

Tratamiento fiscal de las plusvalías en España, por J. F. Corona Ramón. Prólogo de E. Domingo Solans. 1987.

Barreras a la creación de empresas y economía irregular, por J. Trigo Portela. 1988.

Pasado, presente y futuro de las Comunidades Autónomas, equipo dirigido por S. Martín Retortillo. 1989.

El tercer viraje de la Seguridad Social en España, por J. Velarde Fuentes. 1990.

El ECU privado: aspectos jurídicos desde la óptica española, por B. M. Cremades y C. Pazos. 1990.

Las infraestructuras en España: carencias y soluciones, por A. Carbonell Romero, V. Sánchez Blanco, J. Peña Abizanda, L. Marquina Sánchez, J. M.ª Martín Mendiluce, J. M.ª Gil Egea y F. Alvarez-Miranda Urech. 1990.

El déficit tecnológico español, por R. Pampillón Olmedo. Introducción de M. Paloma Sánchez. Prólogo de G. de la Dehesa. 1991.

Los desequilibrios regionales en España, por J. Villaverde Castro. 1992.

Solvencia y rentabilidad de la empresa española, por V. García Martín y M. A. Fernández Gámez. 1992.

Efectos del Mercado Único sobre los sectores productivos españoles, equipo dirigido por J. Carlos Collado. 1992.

La financiación de las comunidades autónomas: una propuesta de corresponsabilidad fiscal, por N. Fernández Gómez. 1993.

Aspectos jurídicos de la privatización de la empresa pública en España, por E. J. Rodríguez Chirillo. 1993.

El sistema de gestión y de costes basado en las actividades, por E. Castelló Taliani y J. Lizcano Álvarez. 1994.

El problema de la eficiencia del sector público en España, por J. Barea Tejeiro y A. Gómez Ciria. 1994.

Reestructuración socioeconómica y desequilibrios regionales en la Unión Europea, por A. Rodríguez Pose. 1995.

La reforma de la imposición empresarial en España, por J. F. Corona Ramón y R. Paredes Gómez. 1996

El futuro de la tributación del capital en Europa, por G. Izquierdo Llanes. 1997

Los efectos del euro en los sectores productivos españoles, obra en colaboración con Arthur Andersen. 1997.

Los servicios de la economía española, por M. González Moreno. 1997

COLECCIÓN *UNIVERSIDAD*

El futuro de la política fiscal, por R. A. Musgrave. Traducción y estudio introductorio de R. Calle. 1980.
Educación y empleo, por M. Blaug. Prólogo de F. Bosch Font. 1981.
El Impuesto sobre el Valor Añadido en la CEE, por J. Zurdo y Ruiz-Ayúcar. 1981.
Déficit público y crisis económica, por M. J. Lagares Calvo. Prólogo de E. Fuentes Quintana. 1982 (agotado).
El paro en España, por L. Albentosa Puche. 1984.
El sector exterior en España, por L. Albentosa Puche. 1984.
El análisis económico de lo político, por J. M. Buchanan, R. E. McCormick y R. D. Tollison. Traducción y estudio introductorio por J. Casas Pardo. 1984.
Diez años de crisis en la economía mundial, por A. Martínez Estévez, 1985 (agotado).
Nuevas reformas fiscales: una experiencia para España, por E. Albi Ibáñez, J. A. Rodríguez Ondarza y J. J. Rubio Guerrero. 1988.
Economía y votos en España: una aproximación a la interdependencia político-económica en Espana, por T. Mancha Navarro. 1993.
Racionalidad económica y estrategia, por J. Gómez-Pomar. 1998.

COLECCIÓN *INFORMES*

El Proyecto de Ley sobre protección pública a la vivienda. 1979 (agotado).
El Proyecto de Ley sobre valoración del suelo, rescate de plusvalías y gestión urbanística, por R. Entrena Cuesta. 1980 (agotado).
El Proyecto de Ley sobre arrendamientos rústicos, por A. Luna Serrano. 1980 (agotado).
La empresa pública, una casa sin amo, por G. Ariño Ortiz. 1980 (agotado).
El sistema financiero español, por F. J. Ramos Gascón. 1980 (agotado).
La política industrial española, por J. Espí Martínez. 1980.
La reforma del Derecho penal económico español, por J. M.ª Stampa Braun. 1980.
El sector agroalimentario ante la CEE. Servicio de Estudios del IEE. 1980.
El comercio español con África. Especial referencia a Guinea Ecuatorial, por D. Ndongo Bidyogo. 1980.
El impuesto sobre sucesiones y donaciones, por J. Zurdo y Ruiz-Ayúcar. 1981.
El Proyecto de Ley de Bases de la Administración local. 1981.
La política de conservación energética, por J. Espí Martínez. 1981.

El Impuesto sobre el Valor Añadido en España, por J. L. de Juan Peñalosa y J. Zurdo y Ruiz-Ayúcar. 1981 (agotado) .

El Proyecto de Ley orgánica de armonización del proceso autonómico (LOAPA), por J. L. Fuertes Suárez. 1982.

El Proyecto de Ley orgánica de libertad sindical, por J. A. Sagardoy y F. Durán. 1984.

El Proyecto de Ley de represión del fraude fiscal, por F Clavijo. 1984.

La supresión de las reclamaciones económico-administrativas en las Haciendas Locales, por A. Martínez Lafuente. 1985 (agotado).

El Proyecto de Ley de Aguas, por M. R. Llamas, E. Custodio y G. Ariño. 1985 (agotado).

El Impuesto sobre el Valor Añadido en España, por J. L. de Juan, F. López Iranzo y J. Zurdo. 1985.

El Proyecto de Ley de fomento y coordinación general de la investigación científica y técnica, por P. González Blasco. 1985.

El Proyecto de Ley general de Sanidad, por F. Conzález Navarro, J. C. Costas Terrones y C. Soler Durall. 1985.

El Proyecto de Ley del lmpuesto sobre Sucesiones y Donaciones, por J. Recuero Astray. 1987.

El Proyecto de Ley sobre Televisión privada, por G. Ariño Ortiz. 1987.

El Proyecto de Ley reguladora de las Haciendas Locales, por J. J. Ferreiro Lapatza, E. Simón Acosta y J. Martín Queralt. 1988.

El Proyecto de Ley de Reforma del Régimen Urbanístico y Valoraciones del Suelo, por J. González Pérez. 1989 (agotado).

El Proyecto de Ley sobre derechos de información de los representantes de los trabajadores en materia de contratación, por J. A. Sagardoy y A. Montoya Melgar. 1990.

Los Proyectos de Ley del Impuesto sobre la Renta de las Personas Físicas y del Impuesto sobre el Patrimonio, por J. Banacloche y F. Utrera. 1990.

La proposición de Ley de Comercio, por J. L. Martínez López-Muriiz, A. Calonge Velázquez, J. C. Laguna de Paz y J. A. García de Coca. 1994.

Fe pública y vida económica, por J. J. Toharia, B. Arruríada y C. Paz-Ares. 1997.

COLECCIÓN *PUNTO DE VISTA*

Los fines de la gestión del sistema educativo español, por F. Bosch. 1987.

La educación y el mercado de trabajo, por J. Díaz Malledo. 1987.

Una reforma fiscal para España, por V. Mendoza Oliván. 1989.

Más allá del Estado de bienestar, por Ralph Harris. 1989.

El largo plazo en política económica: el ejemplo de la agricultura y la alimentación, por Theodore W. Schultz. 1989.
La apertura de los mercados del Este europeo: condicionamientos y consecuencias, por Juergen B. Donges. 1990.
Organizaciones innovadoras y flexibles, por V. Pérez Díaz. 1992.
La transformación de una economía postsocialista. La experiencia en Alemania, por Juergen B. Donges. 1992.
La unión monetaria europea y su futuro y El impacto de la unificación alemana sobre los países de la Comunidad Europea, por Otmar Issing. 1993.
Representación política, elecciones generales y procesos de confianza en la España actual, por A. Garrorena Morales. 1994.
Gobierno y Cortes, por M. Aragón Reyes. 1994.
La jurisdicción en España: Ensayo de valoración constitucional, por L. M. Díez-Picazo. 1994.
Las autonomías políticas, por C. Viver i Pi-Sunyer, 1994.
El régimen jurídico de la comunicación social, por F. J. Bastida Freijedo, 1994.
La ética en la empresa, por A. Argandoña Rámiz, 1994.
La armonización bancaria en la Unión Europea, por E. Domingo Solans, 1994.
Las causas del paro, por R. Termes. 1995.

REVISTA DEL INSTITUTO DE ESTUDIOS ECONÓMICOS

Número 1/1980.	*Programas económicos frente a la crisis.*
Número 2/1980.	*Programas económicos actuales en una perspectiva liberal.*
Número 3/1980.	*Aspectos económicos y jurídicos del medio ambiente.*
Número 4/1980.	*Reforma del sistema financiero.*
Número 1/1981.	*Nuevas tecnologías y empleo.*
Número 2/1981.	*El problema de la energía (I).*
Número 3/1981.	*El problema de la energía (II).*
Número 4/1981.	*Sistema fiscal y familia.*
Número 1/1982.	*El impuesto sobre el patrimonio.*
Número 2/1982.	*Política de innovación tecnológica.*
Número 3/1982.	*Efectos de la aplicación del IVA* (agotado).
Número 4/1982.	*Política económica de oferta.*
Número 1/1983.	*Presente y futuro de las PYMES.*
Número 2/1983.	*La financiación de las PYMES.*
Número 3/1983.	*Inversión e impuesto sobre sociedades.*
Número 4/1983.	*Financiación a la exportación.*

Número 1/1984.	*La empresa industrial ante la crisis.*
Número 2/1984.	*La empresa española ante la CEE.*
Número 3/1984.	*Proteccionismo y comercio internacional.*
Número 4/1984.	*El trabajo de la mujer* (agotado).
Número 1/1985.	*La privatización de la empresa pública.*
Número 2/1985.	*La contención del gasto público.*
Número 3/1985.	*Política económica contra el paro.*
Número 4/1985.	*La reforma del impuesto sobre la renta.*
Número 1/1986.	*Religión y economía.*
Número 2/1986.	*Nuevos productos financieros* (2.ª ed. 1987).
Número 3/1986.	*Tendencias actuales de política monetaria.*
Número 4/1986.	*1992 Un mercado único europeo.*
Número 1/1987.	*La economía sumergida.*
Número 2/1987.	*La teoría de la elección social: aportaciones recientes.*
Número 3/1987.	*La nueva política industrial.*
Número 4/1987.	*El futuro de la agricultura.*
Número 1/1988.	*La liberalización del comercio internacional de los servicios.*
Número 2/1988.	*La reforma de los mercados de divisas.*
Número 3/1988.	*La coordinación de las políticas económicas nacionales.*
Número 4/1988.	*Los efectos del mercado único europeo.*
Número 1/1989.	*La desregulación y privatización en las economías modernas.*
Número 2/1989.	*Hacia la unión monetaria europea.*
Número 3/1989.	*Aspectos económicos de la propiedad intelectual e industrial.*
Número 4/1989.	*Los cambios en las economías de los países del Este de Europa.*
Número 1/1990.	*La reforma del sistema tributario espanol.*
Número 2/1990.	*Medio ambiente y crecimiento económico.*
Número 3/1990.	*Claves de la creación de empleo.*
Número 4/1990.	*Elecciones y economía.*
Número 1/1991.	*Reforma y armonización de la fiscalidad sobre el capital.*
Número 2/1991.	*La unión económica y monetaria de Europa en una perspectiva liberal.*
Número 3/1991.	*El impacto del mercado único en el Sur de Europa.*
Número 4/1991.	*Presente y futuro del sector eléctrico.*
Número 1/1992.	*La revisión del sector público en los 90.*
Número 2/1992.	*La transición al mercado de las economías socialistas.*
Número 3/1992.	*La reforma del impuesto sobre sociedades.*

Número 4/1992.	*El resurgimiento de la economía iberoamericana.*
Número 1/1993.	*Formación profesional y creación de empleo.*
Número 2/1993.	*El SME ante la Unión Económica y Monetaria Europea.*
Número 3/1993.	*El problema del déficit público.*
Número 4/1993.	*El déficit exterior de la economía española.*
Núm. 1-2/1994.	*El Estado del Bienestar posible.*
Número 3/1994.	*La necesaria liberalización de los servicios en España.*
Número 4/1994.	*La inmigración en Europa: expectativas y recelos.*
Núm. 1-2/1995.	*El problema de la inflación en España.*
Núm. 3-4/1995.	*El gobierno de los mercados financieros.*
Número 1/1996.	*Libertad económica y progreso I. Un marco conceptual.*
Número 2/1996.	*Libertad económica y progreso II. Aprender de los demás.*
Número 3/1996.	*La hora de la Universidad española.*
Número 4/1996.	*¿Qué ocurre con el consumo?*
Núm. 1-2/1997.	*Factores productivos y competitividad en España.*
Número 3/1997.	*Liberalización del suelo en España I. Antecedentes y marco jurídico.*
Número 4/1997.	*Liberalización del suelo en España II. La futura Ley del Suelo.*

COLECCIÓN *CÓDIGOS EMPRESARIALES*

Beneficios fiscales a las empresas, recopilación de J. García Carrera. 1984.

Guía contable del IVA, por J. Lizcano Alvarez. Prólogo de L. Cañibano Calvo. 1986.

EDICIONES ESPECIALES

En defensa de la libertad, libro homenaje a Víctor Mendoza Oliván, 2 volúmenes. 1997.

INSTITUTO DE ESTUDIOS ECONÓMICOS
Servicio de Publicaciones
Castelló, 128 - 6.ª - 28006 Madrid
Telf.: 561 75 00 - Fax: 562 36 13